이 사람은 누구인가

REINHOLD STECHER
WER IST DIESER MENSCH?
Gedanken zu Leiden, Tod und Auferstehung Jesu

© 2017 Tyrolia-Verlag, Innsbruck-Wien
All rights reserved.

Translated by CHANG Yik
Korean translation copyright © 2018 by Benedict Press, Waegwan, Korea.

Korean translation rights arranged with Tyrolia-Verlag
Innsbruck-Wien, Austria.

이 사람은 누구인가
예수의 수난과 죽음과 부활에 관한 묵상

2018년 2월 28일 교회 인가
2018년 3월 15일 초판 1쇄
2019년 5월 10일 초판 2쇄

지은이	라인홀트 슈테허
옮긴이	장익
펴낸이	박현동
펴낸곳	성 베네딕도회 왜관수도원 ⓒ 분도출판사
찍은곳	분도인쇄소

등록	1962년 5월 7일 라15호
주소	04606 서울 중구 장충단로 188 분도빌딩 102호(분도출판사)
	39889 경북 칠곡군 왜관읍 관문로 61(분도인쇄소)
전화	02-2266-3605(분도출판사) · 054-970-2400(분도인쇄소)
팩스	02-2271-3605(분도출판사) · 054-971-0179(분도인쇄소)
홈페이지	www.bundobook.co.kr

ISBN 978-89-419-1805-9 03230

표지그림 · 겐네사렛호수의 풍랑
이 책의 한국어판 저작권은 Tyrolia-Verlag과 독점 계약한 분도출판사에 있습니다.
저작권법에 의해 한국 내에서 보호를 받는 저작물이므로 무단 전재와 무단 복제를 금합니다.

이 사람은 누구인가

예수의 수난과 죽음과 부활에 관한 묵상

라인홀트 슈테혀 지음 | **장익** 옮김

분도출판사

차례

    책머리에 7
    수난사기 묵상에 임하면서 11

성목요일 23
    마지막 저녁 24
    올리브 동산에서 32
    이 사람은 누구인가 41

성금요일 49
    성금요일 밤을 비춘 번갯불 50
    예수 하느님에게 버림받음 — 그 다른 내면 58

부활 65
    부활을 알리는 가락 66
    신앙의 부활 빛이 밝혀지기 어려운 오늘 72
    부활의 수학 방정식 80

부록 87
    예수와 대사제들 88
    예수와 바리사이주의 101
    본시오 빌라도와 로마인들 110
    임금들 121

옮기고 나서 127
지은이 소개 128

책머리에

이 사람은 누구인가.

이 물음이 핵심이다. 라인홀트 슈테혀는 예수의 수난사기를 죽 훑어보며 살펴 나간다. 마치 무슨 추리소설처럼 매우 흥미롭다.

예수를 겨냥해 의도적으로 꾸며 낸 형사소송 진행이 막히면서 미리 획책했던 결과를 낼 수 있을지 의문스러워졌다. 비록 매수된 증인들이 진술은 했지만 그 과정에서 스스로 모순을 범했던 것이다. 이런 경우 유다인 형사소송 절차에 따르면 피고인은 석방되어야 한다. 하지만 그럴 수는 없는 노릇이다. 그러자 대사제는 예수에게 난감한 물음을 던진다. "내가 살아 계신 하느님의 이름으로 명하노라. 그대가 과연 하느님의 아들 메시아인가."

그러자 이번에는 예수가 흔들리는가 싶었다. 아니라고 하면 아직은 살아남을 기회가 열리겠지만 자기 자신을 그리고 자신의 소명을 배반하게 된다.

그렇다고 하면 자기 자신의 사형선고를 하게 된다. 그는 진리를 받드는 결단을 이 한마디로 내린다. "당신이 그렇게 말하였소." 이제 사형선고는 굳혀진다.

이로부터 벌어지는 사태를 슈테혀는 충격적으로 면밀히 서술해 나간다. 우리들 각자도 자신에게 물어야 하지 않을까. "나는 도대체 누구인가. 나는 그동안 살아오면서 누가 되었는가." 이는 인간이면 누구나 상관있는 물음이다. 이 작은 책자는 이렇듯 자성을 촉구하고 있다.

여기 펼쳐지는 수난사기는 라인홀트 슈테혀가 2002년과 2005년 바티칸 라디오에서 방송한 강론을 바탕으로 하고 있다. 그러나 매번 10분을 초과하면 안 된다는 방송 시간의 제약이 있었다. 그래서 슈테혀가 인스브룩 가르멜에서 수난사기 묵상 입문으로 들려준 담화와 예수 재판 주역들에 관한 그의 일련의 강연 내용 등으로 보충되었다.

파울 라두르너[*]

---

[*] 법조인 라두르너 박사 Dr. Paul Ladurner는 젊어서부터 슈테혀 주교와 절친한 인스브룩 친구로서 주교의 그림 활동을 격려하였을뿐더러 그의 유고 전체를 맡아 관리하고 있다. [이하 모든 각주는 역자의 것임]

수난사기 묵상에 임하면서

로욜라의 이냐시오의 「수련」에 보면 이런 영성 지침이 자주 나온다. "생생하게 상상해 보아라. 주님이 젊은이를 어떻게 살려 내시고, 눈먼 이를 어떻게 보게 하시는지, 산상수훈을 어떻게 말씀하시는지를. 그대 자신이 마치 그 현장에 있는 것같이 상상과 심정을 살려 아주 생생하게 상상해 보아라." 이제 술회하려는 묵상에서도 이렇듯 생생한 예수의 모습이 나에게는 중요한 것이다. 그렇다고 무슨 환상이나 독실한 자만에 기울고 싶지는 않다. 오히려 그 시대와 상황, 당시의 갈등과 문제 등에 관하여 실제적으로 알아보면서 오늘날 우리가 접할 수 있는 전거典據를 바탕으로 그 실상을 드러내 보이고자 한다. 이렇듯 나는 담담하게 나아가면서도, 우리가 그렇게 해서 한결 더 살아 있고 깊이 있는 신심에 도달하기를 바라는 바이다.

예수의 수난 이야기는 모든 믿는 이의 삶에서 크나큰 몫을 차지한다. 교회 전례력에, 특히 사순절과 성주간에 두드러진 자리를 잡고 있다. 십자가의 길과 묵주기도 고통의 신비에도 담겨 있다. 우리는 수난사기史記를 십자가 현양이나 예수 성심 금요일 또는 예수 성심 대축일 같은 날에도 기억한다. 그리고 무엇보다도 미사성제를 지낼 때마다 십자가에 달리신 그리스도가 신비롭게 현존하신다. 십자고상마다 수난 이야기를 되살려 주고, 진부하도록 자주 쓰이는 십자가 상징에서도 그러하다. 제대 십자가를 비롯 가슴 십자가나 목걸이 십자가에서도 그렇고, 탑 꼭대기나 지붕 위 십자가 또는 묘지 십자가, 적십자와 녹십자, 나아가서는 전사자를 기리는 흑십자가에서도 그렇다. 수난 이야기는 수없는 그림으로도 우리 앞에 펼쳐진다. 성당 안에 있는 십자가의 길에서, 순례 길 이곳저곳에서, 로마네스크 시대에서 현대에 걸쳐 뒤러Dürer에서 루오Rouault에 이르는 탁월한 세계적 예술 작품에서도 나타난다. 음악에서도 수난 이야기가 드러난다. 올리브 동산에서의 수난 성가 "지극한 근심에... 깊은 침묵 속에..."를 비롯 바흐의 "주 예수 바라보라... 거룩한 머리 위에 피땀이..." 또는 하이든의 「예수의 가상칠

요르단강의 봄 — 헤르몬산맥을 바라보며

언」 등 명곡에서도 들려온다. 수난사화가 품고 있는 매우 심오한 극적 감흥은 — 바로 우리 독어 문화권인 오버암머르가우Oberammergau나 티어세에Thiersee, 에를Erl 등지에서 — 이미 중세부터 수없는 관중을 끌어모아 왔다. 수난사화를 주제로 많은 신심서적이 빛을 보았는데, 때론 의심스러운 사적 계시 따위도 섞여 있어 조심을 요한다.

그러고 보니 나는 선교나 교리 교육에서, 청소년과 어른들을 위한 신앙 교육에서도 어려움으로 다가오는 문제에 부딪히게 된다. 신약성경의 옛날 서술이 현대인에게는 많은 성인전이나 순교사화의 경우처럼, 막연한 전설에, 상당 부분 열심이 넘쳐 꾸며 낸 이야기에 속하는 것으로 여겨져 역사 사실의 핵심을 집어내기가 힘들다는 것이다. 사람들은 말한다. 우리들이 성금요일에 듣는 수난사기는 예수를 믿던 신심 깊은 사람들이 수십 년 후에 서술한 것이 아닌가. 그 이야기에서 얼마를 덜어 내고 얼마를 보탰을까. 복음사가들 간에도 세부 사항에서는 더러 모순되지 않는가. 그들 중 한 사가는 예수와 함께 십자가에 달렸던 강도들 모두가 그를 저주했다고 하는가 하면 다른 사가는 뚜렷이 구별하면서 강도 중 하나는 그랬지만 다른 하나는 그러지 않았다고 하는데. 또, 복음사가 중 요한은 만찬에서 과월절 양¥에 관한 말이 없는데, 다른 복음사가들은 분명 과월절 만찬이었다고 말하고 있다. 이처럼 어떤 점들은 도무지 종잡을 수가 없다는 것이다.

 이렇듯 오늘날 구도자들에게 그리고 비판적으로 사고하는 사람들에게는 이런 생각이 들게 된다. 그런 사건들 가운데 나로서는 결국 어떤 것을 역사적 진실로 인정해야 되나. 성서에 보면 전설 형태의 문학 유형도 있고 신심을 돋우어 주는 이야기의 유형도 있으니 말이다. 많은 성조들의 전기도 그렇거니와 예컨대 물고기의 배 속에서 시편을 읊는 요나의 이야기도 있다. 이런 경우 믿음이 있는 독자의 물음은 사건의 역사성에 관한 것이 아니라 이야기의 뜻에 관한 것이다. 그 뜻 안에 하느님의 계시가 숨겨 있는 것이다. 예수가 가난한 라자로의 이야기나 착한 사마리아 사람 또는 잃었던 아들 이야기를 들려준 경우도, 역사적 사건이 문제가 아니라 그 어떤 유식한 강론의 숱한 말보다

비길 수 없이 깊은 교화를 실현한다.

  그렇다 하더라도 수난사기의 경우는 어떠한가. 정말로 일어난 일들, 즉 역사적 사실인가. 거기서 주님에게 일어난 일에 우리의 신앙이 다분히 달려 있다. 거기서 주님이 우리를 위해 정말로 수난하고, 정말로 십자가에서 숨지고 정말로 부활하셨는가.

  기본적으로 말할 수 있는 것은 이것이다. 비판적인 입장에 서 있는 사람들도 수난사기의 역사성을 상당 부분 인정하고 있다는 점이다. 수난사기는 짐작건대 복음 전승의 가장 오래된 부분이다. 처음에는 구전口傳되다가 나중에는 글로 정착된 것이다. 수난 이야기가 사도들의 복음 선포에서 더없이 중요하였던 까닭이 있다. 그것은 큰 문제였다. 그 당시 유다교가 보기에 십자가형에 처한 자는 하느님의 저주를 받고 사람들에게 버려진 존재였던 만큼, 거기 메시아 및 주主는 없었다. 구세주 하면 빛나는 승리자로 사람들은 상상하였다. 종종 벌어지는 일로, 또다시 어떤 유다인 선동자가 감히 로마인을 거슬러 봉기했다가 십자가에서 최후를 맞으면 그런 자는 제아무리 스스로 메시아

겐네사렛호수와 헤르몬산맥

라고 주장하더라도 구세주가 아님이 당장 밝혀지곤 하였다. 십자가에서 처형된 자의 유골은 여러 해가 지나서야 가족묘에 안치 허락을 받곤 하였다. 로마인들은 평소 십자가에서 죽은 자들을 쓰레기 더미에 내다 버리도록 하였다. 십자가형의 효과가 유다인들에게 그토록 끔찍하고 굴욕적이었기에 로마인들도 이 가공할 형벌을 모반자들에게만 내렸다. 십자가형을 받는 자들은 신체적으로뿐 아니라 인륜적으로도 끝장이었다.

바로 이것이 유다인들 가운데서 복음을 선포하는 사도들의 난관이었다. 예수가 *자원하여* 고난을 맞았고 그러면서도 주님으로 머물렀으며 사람들 대부분이 기대하던 정치적 구세주가 아닌, 그러나 역시 모두가 기다리던 메시아였다고 선포해야 했던 것이다. 그렇기 때문에 사도들은 수난사기에서 시종일관 실제적 추억을 모아 한데에 묶었다. 그들의 진술은 당시의 문체 따라 서민적인 어조로 이루어졌다. 그것은 경찰 조서도 아니고 과학적인 묘사도 물론 아니다. 그 과정에서 그들로서 중요치 않게 여기는 사항은 대범하게 생략하면서도 결정적인 요소에는 집중한다. 그러나 그렇다고 무슨 감상적인 이야기를 풀어놓은 것은 결코 아니다. 어디까지나 실제로 일어난 일들 중심이다.

수난사기는 복음서의 거의 삼분의 일을 차지한다. 그러면서도 성목요일 저녁부터 금요일 저녁까지 단 스물네 시간도 걸리지 않은 일이다. 금요일 저녁 여섯 시면 성전 언덕으로부터 사제들의 나팔 소리가 시내를 향해 울려 퍼지면서 번제의 연기가 위로 오른다. 이를 시작으로 여드레 동안 파스카의 대축제가 열린다. 축제 기간 동안은 재판도 사형 집행도 허락되지 않는다.

그러니까 우리는 이제 그 스물네 시간 동안에 벌어지는 일들을 맴돌게 된다. 여기서 우선 우리에게 제기되는 물음들이 있다. 어떻게 그리고 어디서 그 일이 벌어졌는가. 그 당시의 상황은 어떠했는가. 예수와의 갈등에는 어떤 배경이 깔려 있었는가. 이 일에 관여한 인물 집단에 대하여 우리는 무엇을 알고 있는가. 한번은 내가 예루살렘 시장의 손님으로 일찍이 카야파의 유골이 안치되어 있던 자그마한 석관 앞에 선 일이 있었다. 이 석관은 발견된 것이었다. 나는 떼부자였던 대사제 집안이 살던 저택들의 출토 작업을 지켜본 적도 있었다. 뿐더러 참고해야 할 전거도 있다.

비록 예수에 관한 언급은 별로 없으나 당시의 정치적·사회적 입장에 관해서 눈여겨볼 서술의 출처는 유다인 사가 요셉 플라비우스J. Flavius이다. 당초 그는 유다인 편에 서서 투쟁하다가 나중에는 로마인들 편으로 넘어갔다. 그는 자신의 저서 『유다 고대사』 Antiquitates와 『유다 전쟁사』 De bello Judaico에서 어떻게든 유다 민족의 입장을 정당화하려고 하였다. 그는 이 과정에서 온갖 당파들, 로마 총독들, 임금들과 군주들과 관련된 풍부한 자료를 제공한다. 그리스도 이후에 저술된 유다계 문헌에서도 유다적 생활과 습속에 관한 정보를 얻을 수 있다. 고고학적 출토 현장에서도 복음서와 관련된 매우 흥미로운 참고 자료를 보게 되는데, 때로는 납득할 만한 일치점을 만나기도 한다. 그럼에도 불구하고 많은 점이 좀처럼 밝혀지지 않는다. 그러나 이렇게 힘들여 모은 자료가 복음서가 전하는 소식과 너무나 많은 점에서 합치하는 것을 볼 때, 그 사실성史實性이 확인되는 한편 적잖은 의문도 절로 풀린다.

이제 우리는 생생하고 실재적이어서 믿음이 가는 인간 예수상을 우리에게 보여 주시기를 성령께 간절히 구하고자 한다.

성목요일

마지막 저녁

누구나 알다시피 어떤 사람과 마지막으로 지내게 되는 저녁은 영 잊을 수가 없다. 그가 마지막으로 한 말들은 기억에 남아 생전에 한 다른 많은 말들보다 그 무게가 더하다. 그의 마지막 소원을 꼭 유념하여 존중하게 되고 그의 얼굴을 스쳐 간 마지막 미소와 끝내 지친 그림자도 잊지 못한다.

이 모든 것은 제자들이 스승과 함께 보낸 성목요일 저녁에도 그대로 해당된다. 이 만찬은 복음사가들의 절제된 어조에도 그 느낌과 전해진 말마디의 저 속까지 다시없을 감동으로 차 있다. 이날 저녁은 배반의 그늘과 성찬의 기적, 인간적인 실망과 푸근한 형제애, 극적인 충동과 되돌릴 수 없는 종국의 예감에 감싸여 있다. 이 마지막 저녁에 예수는 이를테면 유서를 쓴다. 그렇거늘 이 저녁마저도 수치스러운 측면을 면치 못한다. "내가 너희와 함께 이 파스카 음식을 먹기를 간절히 바랐다"는, 원래 아람어 말투로 되어 있는, 예수의 첫마디는 귀담아들을 만한데도 제자들 잡음에 그냥 흘려진다. 그들은 자리다툼을 하고 있었다. 이날의 성대한 만찬은 신심 깊은 유다인들이 해방과 자유의 표시로 — 당시 상류사회에서처럼 — 두터운 보료에 비스듬히 누워서 상을 받았다. 그래서 자리다툼을 하고 있었던 것이다. 하늘나라의 본질이 무엇인지는 알지도 못하면서, 자리란 다가올 하늘나라에서도 차지할 계급, 칭호, 체통, 출세를 뜻한다고 여겼던 것이다. 보료는 자리를 의미한다. 그래서 자리다툼을 하고 있다.

예수는 바로 이날 저녁에 수천 년을 갈망해 오던 모든 일이 완수되어야 함을 안다. 이집트에서의 해방은 단지 서막이었고 사막에서의 만나는 입가심에 불과하였으며, 카나에서의 포도주도 하나의 전주곡이었음을 그는 안다. 그가 그토록 자주 이야기했던 하늘에서의 잔치가 바로 이제 신비스럽게 시작됨을 예수는 알고 있다. 그런데도 그들은 자리다툼이나 하고 있다.

예수는 알고 있다. 곧 다가올 날의 비운의 그늘이 이미 드리우고 말살을 꾀하는 주역들이 이미 움직이고 있으며 자기는 이제 더없이 외로운 죽음을 향하고 있음을.

그런데도 그들은 자리다툼을 하고 있는 것이다.

이런 상황도 다 이 저녁의 비극에 속한다. 숭고함과 가소로움이 뼈저리도록 한데 얽혀 있는 것이다. 그리고 앞으로도 이런 상황은 얼마나 자주 벌어질 것인가. 교회 역사에서도 성사적 신비와 승진의 야심, 심오한 복음 말씀과 치졸한 권력 추구, 하느님 나라의 역사役事와 노골적 명예욕, 영원한 진리의 수호와 비속한 자기 과시 행태 등. 여기서 문제 되고 있는 것은 만찬에서의 째재한 자리다툼이 아니다. 예수는 당신의 사업과 당신의 교회는 언제나 하느님의 사랑과 인간의 궁색함의 병존이라는 짐에 짓눌리고 그 위험에 놓인 것을 알고 있다.

그리고 우리는 읽어 나간다. "상에서 일어나시어 겉옷을 벗으시고 수건을 들어 허리에 두르셨다. 그리고 대야에 물을 부어 제자들의 발을 씻어 주시고, 허리에 두르신 수건으로 닦기 시작하셨다…"

그런데 이 의식은 매우 충격적이었다. 발을 씻어 준다는 것은 비천한 노예나 할 일이었다. 하필이면 이날 저녁에, 독실한 유다인이라면 누구나 선택된 존재로서, 더는 노예살이를 하지 않아도 된다는 이스라엘의 품위와 자유의 환희에 부풀어 있는 이 저녁에, 스승님은 이토록 격이 떨어지는 막간극을 벌이다니. 베드로는 항의한다. 그러나 헛수고다. 예수는 그들에게 점잖게, 하지만 단호하게, 자신이 직무와 책임과 선도 역할을 무엇으로 알고 있는지 밝힌다. 그것은 오직 섬김일 수밖에 없고 섬김이어야 한다. 그렇지 않으면 자리다툼 따위의 하찮은 웃음거리로 타락한다는 것이다. 섬김의 직무는 언제나 허영과 권력 의식에 맞서, 마음을 기울이고 참고 뜻을 밝히고 돕고 공감하고 권유하면서도 나 자신은 잊을 줄 아는 건전한 길이다.

그리스도상像은 많이 있다. 우선 지구와 왕홀王笏을 쥐고 있는 웅대한 전능자*상이 있다. 양을 어깨에 메

---

* Pantocrator, 萬有의 主宰者.

고 있는 온유한 착한 목자상도 있다. 그러나 성목요일에는 물 대야와 수건을 두르는 창조주의 모습이 특히 감명 깊다. 예수는 이 모습을 앞으로의 모든 시대를 위한 표양으로 유언에 확고히 남기고자 하였다. 이 감동적인 행동 하나가 미래의 교회를 위해 우리가 오늘까지도 요긴하다고 여길 만한 온갖 대책보다 그에게는 더 중요한 것이다. 훗날에 문제를 일으킬 많은 것을 정리하고 해명했어야 했는데, 그럼에도 그는 제자들과 함께 지내는 시간의 마지막 자락을 씻는 일로, 더러운 발들 걱정으로 보낸다. 그보다 더 중요한 일거리는 없었던가.

그러나 하느님의 아들은 이 범속하고 수치스러운 행위로써 교권에 관한 일련의 방송 강연을 하는 것보다, 교회의 임무에 대해 훨씬 더 인상적으로 설유說諭하였다.

그는 좌절을 모르는 현실이다. 두 발을 땅에 꿋꿋이 딛고 있는 세상의 주재자다. 우리가 살고 있는 이 시대에는 도덕률이 받쳐 주지 않는 그 어떤 형식적·관료적·법적 권위도 흔들리고 만다. 우리 시대는 권위

엔 게디 오아시스 — 네겝사막 안의 살아 있는 물

를 행사할 때 일종의 겸손, 곧 내적인 봉사 정신과 아울러 외적인 겸양을 요구하고 있다. 이 점은 사회와 교회의 어떠한 권위에도 해당하며 부모와 교사, 정치인과 사목자, 고위 계급과 만찬에 자리하던 제자들의 후계자들에게도 해당한다.

나의 첫 미사 끝에 연로하신 주임신부님이 제의실에서 내게 뭐라고 속삭이시던가. 나는 그 말씀을 결코 잊을 수가 없다. "라인홀트야, 이제 사제가 된 네 평생을 위해서 한마디 하겠다. 향을 피우면서 네 가슴 쪽으로 향로를 흔들지 마라. 그건 인격을 망친단다." 어찌 보면 백발이 성성하도록 존경스럽게 나이 드신 사목자의 이 한마디는 구세주께서 세숫대야를 놓고 하신 말씀과 매우 비슷하다. 날마다 거룩함의 세상에서 지내면서 높아진 품격 의식을 느끼지 않기란 쉽지만은 않을 것이다. 섬긴다고 하였겠다. 그리고 섬김이 자유롭게 한다고.

발을 씻어 주시면서 몸종 노릇을 하는 주님이자 스승님, 이는 그의 유지遺旨의 결정적인 부분이다. 그런

만큼 우리가 성목요일에 단지 전례적으로만 이 사건에 참여하기를 원한다면, 그것으로는 부족하다.

올리브 동산에서

우리는 이 그리스도 묵상에서 다른 어떤 것도 가볍게 여겨지는 그러한 주제에 다가선다. 고난이 그것이다. 살다 보면 불쾌하거나 역겨운 일도 인생의 일부로 받아들이게 된다. 그러나 때로는 할 말을 잃게 하는 형태의 인간 고통을 경험하기도 한다. 그것이 가차 없이 죽음으로 몰아붙이는 자연 재난의 파급일 수도 있고 너무나 어처구니없는 인간의 잔악이나 무책임일 수도 있다. 그리고 그 어이없는 묵언 중에 이런 우울한 의문이 고개를 들 수도 있다. 이런 일을 허락하는 신이라면 무슨 신인가.

믿음의 이러한 흔들림은 인류의 대재앙을 보고 일어날 수도 있고, 개인으로서 겪는 비운에서도 일어날 수 있다. 엄마를 아이들에게서 앗아 간다면, 에이즈가 가족과 고장을 황폐화한다면, 뇌종양이 사랑하는 사람을 못 알아보게 바꿔 버린다면, 희망의 여지가 없는 진단을 내가 받는다면 그럴 수 있다. 어떤 때는 불운

이 단골로 따라다니는 가족들을 만나기도 한다.

  우리가 평생 잊지 못하는 경악의 기억들도 있다. 나 자신이 사투로 지켜 낸 숲속에서 수천 명 전우의 주검을 보초 서며 지새운 영하 50도 혹한의 저 밤을 결코 잊지 못한다. 나이 열여덟에서 스물여섯의 젊은이 수천 명, 저마다 어머니 아버지와 젊은 가정, 남매, 애인을 찾아 귀향하기를 고대하던 그들... 인간 광기狂氣의 이토록 끔찍한 결말은 나이 들어 늙도록 잊을 수가 없다. 아니 그런 참극에서 어느 만큼 거리를 두면 생각이 오히려 더 맑아져 의아하고 헷갈리게 되는데, 실상황에서는 살아남기에 바빠 생각을 널리 펴 볼 여지가 없는 경우가 흔하기 때문이다. 뿐더러, 곧 닥쳐올 고통에 대한 두려움이 실제 고통보다도 오히려 더 견디기 힘들기도 하다. 우리들 중 그런 경험을 해 본 사람도 적지 않을 것이다.

  내가 알던 한 사람이 있었는데, 아주 다정한 동창으로서, 그 자신이 중증 상이군인이면서 열정적으로 역사를 가르치고 있었다. 그는 조용하고 외로이 지내는 인간이었는데, 교직 생활을 마쳐 갈 무렵 나와의 사담에서 이렇게 자백하는 것이었다. "너 있지 ― 세계사라는 건 사실 끔찍한 거야. 나는 어디서나 인간들의 말할 수 없는 고통과 맞부딪쳤어. 우리는 임금들, 정복자들, 전쟁과 승리 이야기를 하곤 하지만, 그 이면에는 어김없이 고통이 넘쳐흐르지..."

성서도 말문 막히는 고통을 알고 있다. 욥기도 이 물음을 하늘에 대고 던지지만, 하느님이 무한히 더 위대하시기 때문에, 결국 승복으로 끝난다.

예수 그리스도 역시 이 물음을 비켜 가지 않았다. 이를 위해 한 시간을 택하였다. 그 시간에 그와 가까운 이들은 ― 우리 모두도 그들과 함께 ― 불가능하리라 여겼을 일이지만, 예수의 영혼을 깊이 들여다볼 수 있었고 들여다보는 것이 이제는 허용된다. 항간에서 그리스도를 믿는 사람들 생각에는 예수가 겉으로만 인간이고 영신적으로는 언제나 광대무변한 하느님 의식과 영광 안에 머물고 있으리라고 여기곤 한다. 하루는 초등학교 다니는 조그마한 소년이 내게 말하기를 "예수님은 어차피 모든 일이 다 잘 끝날 것이라는 걸 아셨는걸요 뭐..." 하였다.

그러나 올리브 동산에서의 시간은 그와는 다른 것을 가르쳐 준다.

성목요일 저녁은 실로 극적이었다. 어둠과 빛, 죽음의 예감과 형제적 유대, 배신과 성찬, 제자들의 좁은 도량과 온 세상을 품는 구세주의 사랑, 자리다툼과 위안의 언약. 그리고 이 만찬 끝에 올리브 동산으로 나가면서 찬미가를 부른다. 마르코는 이 점을 분명히 적었다.「대大할렐」이라고 하는 이 찬미가에 어떤 시편들이 담겨 있는지 이제는 알려져 있다. 이 찬미가는 과월절 양을 먹는 의식에 속하는 것이다. 예수가 올리브 동산을 향해 걸으면서 부른 이 찬미가에는 시편 116이 들어 있다. 우리가 그 시편을 읽다 보면 그것은 마치 이날 밤에 일어날 일의 서곡같이 들린다.

"죽음의 올가미가 나를 에우고 저승의 공포가 나를 덮쳐 나는 고난과 근심에 사로잡혔네. 이에 나는 주님의 이름을 받들어 불렀네. 아, 주님 제 목숨을 살려 주소서... 내 영혼아, 주님께서 너에게 잘해 주셨으니 평온으로 돌아가라... '내가 모진 고난을 당하는구나' 되뇌면서 나는 믿었네. 내가 질겁하여 말하였네. '사람은 모두 거짓말쟁이'... 구원의 잔을 들고서 주님의 이름을 받들어 부르네... 당신께 성실한 이들의 죽음이 주님의 눈에는 소중하네."

찬미가에서 주님이 읊은 시편은 이러했다. 이 시편은 수백 년 전부터 이 시간과 이 계기를 위해 쓰인 것이었나 하는 생각이 든다.

  예수는 열한 제자와 함께 루카의 말로는 "늘 하시던 대로" 겟세마니로 향한다. 그것은 분명 동산의 주인이 예수가 그곳에서 밤을 나도록 허락했음을 뜻한다. 예루살렘 가까운 주변에서는 수천 명의 평범한 순례자들이 노숙을 하였다. 단 한 가지 유념해야 할 사항은 안식일 길에서 3000보 이내에 머물러야 한다는 것이었다. 키드론 골짜기는 그런 경우에 해당한다.

  예수는 돌담으로 에운 동산 입구에 제자 중 여덟 명을 머물게 한다. 그리고 친근한 제자 셋을 데리고 안으로 들어간다. 그러고 나서 그 셋마저 거기 머물러 있게 한다. 그들은 예수의 기척을 들을 수는 있으나

이 셋 역시 내적으로는 예수를 따르지 않는다. 이제 그는 혼자이다.

내가 기억하는 바 심리학에서 인간의 근본적 부담은 이별불안이라고 한다. 그것은 유년기에서부터 그렇다. 이를 유기遺棄증후군이라고 한다던가. 우리 사회의 어두운 면에는 고도로 발달한 통신수단에도 불구하고 고립이 있다는 것이다. 누구나 노인 사목에 종사하는 이라면, 나도 그랬듯이, 이 고립에 대하여 많은 체험을 하게 된다. 예수는 인간으로서의 그의 존재에서 우리네의 나락에 얼마나 깊이 내려갔던지 실패와 고립 공포를 그 어떠한 완화의 묘약도 없이 끝까지 맛보아야 했다. 그는 그로 인해 수난하였다. 인간이면 누구나 다 겪어 내야 하거늘…

더 나아가 예수는 우리를 소스라치게 하는 더욱 어두운 그늘에 덮인 듯하다. 그의 영혼의 밤은 하느님께 버림받는 체험에 이르기까지 짙어진다. 그는 내심 앞으로 다가올 모든 것에 반항한다. "가능하다면 이 잔을 저에게서 거두어 주십시오. 그러나 ― (이 "그러나"가 우리도 혹 체험했듯이 그렇게도 힘겨운데) ―

겐네사렛호수의 봄날

그러나 제가 원하는 대로 하지 마시고 아버지께서 원하는 대로 하십시오..."

여기에는 더 큰 무엇이 달려 있다. 모든 어두움을 무릅쓰는 '그럼에도 사랑'의 가장 감격적인 실증實證이 그것이다. 하느님은 모든 두려움을 무릅쓰고 '네' 하는 사랑을, 인간들에 대한 숱한 실망을 무릅쓰고 믿는 사랑을, 악의에도 불구하고 보복을 모르는 사랑을, 고립에도 불구하고 모두를 위해 거기 있는 사랑을 당신 아들에서 실증하신다. 이미 우리네의 일상에서도 '그럼에도 사랑'이 가장 위대한 사랑이다. 동산에서의 어두운 시간에서 돌아온 예수는 전혀 다른 분이다. 이제는 결연하고 용감하며 정녕 초탈한 분이다. 우리라면 그건 어려운 일일 것이다. 그렇지만 내가 여러분에게 해야 할 말이 있다. 인간의 고통을 보고 우울해하던 그 역사 교수는 은퇴 후 남미의 한 가난한 나라로 가서 자기의 전 재산을 써 가며 극빈자들만을 위하여 헌신하였다. 이런 것이야말로 '그럼에도 사랑'이 아니겠는가.

올리브 동산에서 보낸 시간은 위대한 시간이다. 주

님은 우리에게 그 어느 때보다도 가까우시다. 우리에게 크나큰 위로이시다.

이 사람은 누구인가

사람 본연의 됨됨이를, 그 성품의 눈여겨볼 점들과 인격의 진면목을 언제 가장 잘 알아볼 수 있을까. 많은 경우, 짓누르는 압박을 받고 있어, 체통이나 소위 이미지, 무슨 칭호나 명성, 재력이나 인맥 등이 다 무의미해지고 떨어져 나가 이른바 사회적 지위 따위는 아주 소용이 없어졌을 때에 제대로 알아볼 수 있다. 여러분도 참다운 친구는 역경에서 드러난다는 격언을 알고 있을 것이다. 극심한 곤경에 처해 있을 때에 비로소 인간으로서의 진정한 위대함을 드러내는 사람을 우리는 얼마나 자주 보게 되는가. 그런 상황에서는 전혀 짐작도 않던 드문 덕성이 드러나곤 하는데 공익을 위한 투신, 사생활과 건강마저 바친 삶, 몰아적 마음가짐, 좌절의 수용, 정신적 역량 등이 그것이다.

우리가 예수의 본연을 알아보려 한다면 무엇보다도 고난 중의 주님을 바라보아야 한다. 복음서의 큰 몫을 차지하는 성목요일과 성금요일에 일어난 일들에서 예수 그리스도의 위대함과 그의 본연의 신비가 말하자면 그 꽃을 피운다.

고난사苦難史에는 예수의 운명을 결정짓는 두 번의 순간이 있다. 이 두 번의 순간마다 거의 사형선고나 십자가형에서 그를 구해 낼 어떤 길이 트이는 듯하였다. 그때마다 진리와 율법이 예수 편에 있었다. 그중 어떤 경우에도 묵비 또는 예수의 은근한 화법이 그를 구할 수 있었다. 그는 자신의 실제 품격에 관해 은밀하게만 말하였고, 치유를 하고도 소문을 내지 말아 달라고 당부하였는가 하면, 왜곡될 우려가 있는 메시아 칭호는 아예 피하였다. 그런데 앞서 말한 두 번의 기회마다 예수는 전혀 자제를 하지 않고 자신의 품격을 밝혔다. 이 과감한 솔직성은 두 경우 모두 죽음을 의미했다.

첫 번째 극적인 순간은 최고의회 앞에서의 재판 현장에서 벌어진다. 우리는 그 과정에 관해 상세히는 모르지만 복음서들은 그 핵심을 짚고 있다. 카야파가 주재하는 최고의회 앞에서의 재판은 유다법에 따른 재판이다. 여기서 피고의 죄상은 오로지 증인들의 진술

겐네사렛호숫가에 자리한 탑가

이 일치하여야만 확인된다. 그러니까 오늘 우리네처럼 고발장을 읽고 나서 "피고는 유죄를 인정하는가" 하는 물음으로 재판을 열지 않는다. 유다식 판사의 역량은 무고誣告일 경우 증인들을 어떻게 심문해야 스스로 모순에 빠져 그들의 거짓이 드러나게 하느냐에 달려 있어 증인들이 꼭 필요했다. 증인들의 발언이 서로 어긋나 그 거짓이 드러난다면 피고는 석방되어야 했다. 우리는 구약서에 실린 목욕하는 수산나의 일화에서 그러한 재판 요령의 모범 사례를 본다. 젊은 다니엘은 그렇게 거짓 증인들에게 유죄판결을 내린다.

성목요일 늦은 저녁 최고의회의 갑작스러운 소집령으로 모여든 주역들은 몹시 시간에 쫓겼다. 예수 사건을 처결하자면 성금요일 초저녁 6시까지밖에는 시간이 없었다. 그때부터는 여드레에 걸친 대축제가 시작되는데, 재판 절차는 물론 처형까지는 생각도 못할 일이었다. 대사제들은 그렇다고 예수를 장기간 구금하기는 두려워했다. 일은 서둘러 처리되어야만 했다. 게다가 또 빌라도의 동의도 얻어 내야 했다. 최고의회가 판결을 내리는 데에는 그 구성원의 일부만으로도 족했다. 예수와 혹 동조하거나 강권 행사를 꺼리는 의원들에게는 틀림없이 소집령을 전하지 않아, 니코데모 같은 이는 이 모임에 참석하지 않았을 것이다. 증인도 두 사람씩 준비시켜야 하는 터에 부득이 몹시 서두르다 보니 재판 준비가 허술했던 듯하다. 하기야 막강한 대사제들은 수하에 자기네 뜻대로 그런 증인 노릇을 거침없이 시킬 만한 자들을 얼마든지 거느리고 있었다. 그런데 실제에 있어서는 그 증인 등장이라는 것이 빗나갔다. 여러 쌍의 증인이 차례로 등장했지만 그들이 예수를 거슬러 한 말들은 서로 맞지가 않았다. 복음서에 뚜렷이 언급된 마지막으로 나선 한 쌍의 증인도 성전 파괴 운운하며 예수를 고발했으나 실패로 돌아갔다. 이렇게 되다 보니 재판은 극히 곤혹스러운 고비에 이른다. 증인들이 실패하면 유다인인 피고는 석방되어야 한다.

이에 카야파가 일어나 피고에게 직접 말을 건다. "이자들의 증언에 당신은 아무 대답도 하지 않소." 예수는 입을 다문다. 그의 침묵의 뜻은 뚜렷하다. 당신은 내게 물을 어떠한 권한도 없으니, 증인들에게 물으시오... 그러자 이제 중차대한 장면이 벌어진다. "살아 계신 하느님 앞에서 명령하오. 당신이 하느님의 아들 메시아인지 밝히시오." 이 극적인 순간, 정치적인 의미에서 결코 메시아로 여겨질 수 없는 사슬에 묶인, 예수가 침묵을 깨고 말한다. "당신이 그렇게 말하였소(아람어로 '그렇다'는 뜻). 이제부터 너희는 사람의 아들이 전능하신 분의 오른쪽에 앉아 있는 것과 하늘의 구름을 타고 오는 것을 볼 것이오..." 여기서 예수는 뚜렷이 신적인 품격을 밝힌다. '하늘의 구름'은 영원자의 지존한 품격의 상징이다. 이렇게 하여 예수는 독신죄瀆神罪로 사형 언도를 받는다.

두 번째 극적인 장면은 빌라도 앞에서 벌어진다. 빌라도는 예수가 어떠한 정치적 위험인물도 아님을 너무나 잘 알고 있었다. 그는 예루살렘의 권력자들이 전혀 다른 이유로 예수를 제거하려 하고 있음을 알고 있었다. 뿐더러 그는 최고의회와는 적대적인 사이였다. 다른 사료들에 의하면 유다인들을 미워하던 본시오 빌라도는 이미 선수를 쳤었다. 심문을 마치고 나온 그는 "나는 이 사람에게서 아무런 죄목도 찾지 못하겠소" 하고 선언한다. 이 말 자체로 보면 석방 판결로 끝나는 로마식 재판의 폐정 선언을 뜻한다. 귀결은 또다시 칼날 위에 놓였는데, 빌라도는 속으로 두렵다. 유다인 봉기 선동자를 그냥 풀어 주었다는 문책을 로마로부터 받기 쉬웠기 때문이다. 그래서 결국 가장 민감한 점을 짚으며 묻는다. "아무튼 당신은 임금이라는 말이오." 누구든 임금을 자칭하기만 하면 죽어야 하는 법이다. 예수는 또다시 자숙을 단호히 버리고 말한다. "그렇소, 나는 임금이며 진리를 증언하려고 세상에 태어났소." 빌라도는 이 사람의 '나라'가 이 세상의 것이 아님은 안다. 하지만 그 위험한 단어가 나온 건 사실이다. '임금'을 자칭하는 자를 풀어 주었다는 것이 로마에 알려진다면 티베리우스 황제의 용서는 있을 수 없었다. 예수가 발설한 임금이라는 말이 종당은 빌라도로 하여금 양보하게 하는 결정적인 동기였다. 그것은 죽음을 의미했다.

우리가 비단 기억으로뿐 아니라 신앙으로 깊이 간직해야 할 것은 바로 이 점이다. 예수가 죽음을 맞은 것은 그의 신비스러운 품격과 구세주로서의 직무와 자신의 본연을 가리키는 신적인 상징을 당신 것으로 주장하였기 때문이라는 것이다. 이것은 복음사가 모두가 확언하는 바이다. 우리들도 기도할 때 이를 마음에 새겨야 한다. "주 예수 그리스도여, 우리는 주님을 경배하며 찬미하나이다." 우리로 하여금 꿇어 흠숭하게 하는 이 존엄을 그는 고백하였고 죽음으로써 확증한 것이다.

성금요일

성금요일 밤을 비춘 번갯불

골고타에 드리우는 밤과 함께 우리는 구세사의 가장 깊은 어두움에 다다른다. 여기서는 외로운 십자가 형틀을 중심으로 증오와 선동, 잔학과 비정, 경악과 경직된 고통이 한데 엉겨 있다. 그 실상은 그리스도교 미술에서 미화하며 애써 묘사해 놓은 모습보다는 사뭇 참혹한 것이다.

하지만 나는 이 성금요일 묵상에서 그저 어두움의 숨 막히는 시간 안에 갇혀 있고 싶지는 않다. 유심히 바라보면 이 전율의 한밤에, 밝은 번개가 마치 이른 부활 번갯불처럼 번쩍이는 것을 볼 수 있다. 이제 먹구름 속의 이 빛을 조금 따라가 보겠다.

이렇게 출발할 수도 있겠다. 저마다 서로 전혀 다른 동기로 나자렛 예수를 반대하는 무리는 네 패가 있었는데, 이들이 사악하게 작당하여 예수의 낭패를 재촉하였다. 첫째 집단은 역시 예루살렘의 고위층으로서 한나스 일가의 지휘하에 놓인 수석사제들과 더불어 상류사회에 속하는 사두가이 계열의 최고의회 의원들이다. 이 기득권층은 자신들의 지위를 위협하는 존재로서 예수를 두려워했다. 이들은 백성들에게 평판이 나빴으며 유다계 문헌에서도 좋은 소리를 못 듣는다. 이들 세상에서 통하는 것은 돈과 권력과 성전 관리권 그리고 로마인들과의 적당한 협잡이었다.

예수 반대파 중 둘째 집단은 근본주의적 바리사이계 율법학자들이다. 이들은 형식주의와 자기네 위상에 대한 자만에 기울어 있었다. 첫 번째 집단과는 달리 유식했고, 거듭 유념할 점이지만 바리사이 신분에 속하는 만큼 진지한 사람들이었다. 그러나 이 집단이 예수와 날카롭게 대립한 까닭은 예수가 그들 마음의 경색과 도덕적 우월감, 외적 격식에 대한 집착, 서민에 대한 멸시 등을 지탄했기 때문이다. 그래서 그들은 이 나자렛 사람을 미워했다.

셋째 무리는 본시오 빌라도와 그의 병정들이다. 본시오는 원래 야당 출신이면서 원로원에 대항하다가 자신의 출세가 위태로워지자 결국 굴복하고 만 정치인이다. 그의 병정들은 벌써 여러 해째 유다인 의용대원들과 게릴라식 격전을 벌여 왔었다. 화해할 줄 모르는 그 강경 일변도는 불행히도 오늘날 성지에서 보는 바와 똑같았다. 이들 병정은 열성당원 또는 성전 혁명당원을 상대함에 있어 자신을 무슨 검사劍士로 알았고, 유다인 해방운동가들의 한 우두머리로 보는 예수를 마침내 자기들 손아귀에 넣었다고 생각하고 있었다. 그렇기에 그를 매질한 다음 가시관을 쓴 승전 장군으로 조롱하였던 것이다.

끝으로 네 번째 집단은 바로 해방운동가들이었다. 예수는 이들이 생각하는 그런 정치적 메시아이기를 줄곧 거절했다. 그래서 한때 예수를 임금으로 받들기를 원했던 그들은 그에게 실망하였다. 그들의 구세주상은 오히려 바라빠였다. 예수라는 나자렛 사람에게서는 그들이 종교적·정치적으로 꿈꾸던 신국神國은 전혀 기대할 수가 없었다. 제자들에게는 그들의 이런 사고가 낯설지 않았다. 사도들 가운데 하나는 열혈당원 시몬이라고 불렸다.

예수는 서로 미워하는 이들 네 집단 모두에게 하나의 걸림돌이었다. 그래서 그는 이 밤에 죽어 가며 매

달려 있다. 그러나 거기 번갯불이 비치고 있다.

첫 번째 번개는 예루살렘의 부유한 고위층의 한 사람을 친다. 하나의 영예로운 무덤을 예수에게 내어 주기로 한 결단이 아리마태아의 요셉에게 있어 어떠한 용단이었는지 우리로서는 전혀 헤아릴 수조차 없다. 십자가형에 처한 자들은 쓰레기 더미에 갖다 버리는 게 통례였다. 당시 사람들이 보기에 그들은 신체적으로뿐 아니라 도덕적으로도 끝장이었다. 최고의회원 아리마태아의 요셉은 이 행위로써 그 사회에서 더는 살아 나갈 수 없게 된다. 그러나 번개가 그를 쳤던 것이다.

두 번째 번개는 바리사이 율법학자 니코데모를 친다. 그는 은밀하게 예수에게 동조하고 있었다. 예수의 죽음을 보자 그는 모든 조심을 떨쳐 버린다. (틀이 잡힌 지성인들은 흔히 소심한 데가 있다.) 그가 한번은 밤의 어둠을 타고 예수와 이야기를 나누러 온 적이 있다. 그러나 이제 성금요일 밤에는 자기가 예수를 믿음을 고백한다. 대축제를 맞은 마당에 율법을 엄수하는 바리사이로서 시신을 상관한다는 건 대담한 일이다.

이로써 그는 전례상 부정 탄 사람이 되는 것이다. 그럼에도 니코데모는 이 시간에 모든 조심을 떨쳐 버린다. 번개가 그를 쳤기 때문에.

세 번째 은총의 빛발은 병정 중의 하나인 백인대장을 비춘다. 그는 벌써 수많은 처형을 지켜보았는데, 형벌의 고통을 겪는 자들은 마지막 숨이 끊어질 때까지 가해자들을 저주하게 마련이었다. 저주가 바로 최후의 마법적 무기였다. 그러나 백인대장은 이제껏 십자가형을 받는 사람이 "아버지, 저들을 용서해 주십시오. 저들은 자기들이 무슨 일을 하는지 모릅니다…"라고 말하는 것을 들어 본 적이 없었다. 그런 말을 듣자 그는 "참으로 이 사람은 하느님의 아들이셨다" 하였는데, 그의 배경으로 미루어 보건대 "이 사람은 범죄자가 아니야. 하느님을 두리는 사람이지"라고 말하려고 했으리라. 이번에는 무자비한 전투와 살육으로 굳을 대로 굳은 로마 군인의 강철 갑옷을 섬광이 뚫은 것이다.

그러나 가장 인상적인 부활 번개는 네 번째 경우에서 빛난다. 이번 번갯빛은 그리스도 곁에 달려 있는

풍랑

광신자, 로마의 압제에 맞서 온갖 수단을 다하여 마지막 숨까지 싸워 온 테러 집단의 한 사람을 스쳐 간다. 성서에서 그들을 다소 부당하게 '강도'라고 부르고 있기는 하지만. 그는, 세계사에서 거듭되는 꿈, 그러나 피와 비참으로 끝나고 마는 정치 · 종교적인 꿈을 위하여 싸워 온 사나이다. 그런 그가 이제 말한다. "선생님, 당신 나라에 들어가실 때 저를 기억해 주십시오..." 그러면서 전혀 다른 메시아 왕국에 대한 희망이 비치기 시작한다. 이제 빗나간 폭력으로 물든 그의 인생 위에 골고타에서 가장 위안을 주는 말씀이 들려온다. "너는 오늘 나와 함께 낙원에 있을 것이다." 여기서야말로 구세사의 가장 어두운 밤에 영원한 부활이 번쩍 비쳐 온다.

성금요일을 마냥 절망적인 암흑에 남겨 두지 않는 것이 이 번개 빛발들이다. 번개는 모두를 비추고 지나간다. 예수를 거슬러 공모하던 자들, 상류사회의 부자, 숨 막히는 율법의 학자, 로마 군대의 장교, 종교 · 정치적 광신자, 모두를. 그러면서 주님은 성금요일의 번갯불들로 어떻게 앞으로 승리할 것인지, 아니 어떻게 우주적으로 승화할 것인지를 보여 준다. 그것도 그의 제자들이 바랐던 것과는 전혀 다르게. 주님은 마음들을 움직여 승리하고자 한다. 십자가와 은총으로 승리하며 그 승리의 길은 영원한 영광으로 이끈다.

암흑의 시간에서 영원히 그칠 줄 모르는 이 메아리가 우리에게 울려 와야 한다. "너는 오늘 나와 함께 낙원에 있을 것이다."

그렇기에 성금요일 밤은 암담하게 어둡지만은 않은 것이다. 죽음과 낭패만도 아니요, 증오와 악의의 승리만도 아니다. 십자가의 시간을 꿰뚫고 은총의 승리가 비춘다. 성금요일은 그 뒤에서 번개 빛발이 번쩍이는 뇌운雷雲일 따름이다.

예수 하느님에게 버림받음 — 그 다른 내면

우리는 아직 성금요일의 어두운 시간에 머물고 있다. 세계의 운명적 이 시간을 한편으로는 암흑의 시간으로 일컫기도 하고 다른 한편으로는 이 세상의 두목이 쫓겨나는 시간으로 보기도 한다. 누구든 수난사기를 읽거나 들으면서 구세주와, 예수 그리스도와 개인적으로 관계를 맺으려는 사람이라면 마태오 복음서 27장 46절의 오후 세 시쯤에 예수님께서 큰 소리로 '엘리 엘리 레마 사박타니', 즉 '나의 하느님, 나의 하느님, 어찌하여 나를 버리셨나이까' 하는 뜻의 외침을 들으면 등골이 서늘해지는 느낌이 들 것이다.

우리는 이미 올리브 동산 묵상에서 예수가 극심한 영적 고통을 받아들이는 것을 보았다. 가장 밑바닥까지 간 듯 보인다. 여기서는 예수의 마음에서마저 아버지와의 더할 나위 없는 일체감조차도 그늘지는 듯싶다. 예수의 심리분석 따위를 한다는 것은 금물이다. 그러나 한 가지만은 틀림없다. 인간으로서 그는 단 한

가지 죄만큼은 정말 받아들이지 않았다. 그것 말고는 인간 실존의 나락을 전부 우리와 같이 나누었다. 하지만 그의 외침은 한마디 기도였다. 기도란 결단코 절망의 행위가 아니다.

그러나 이 충격적인 한마디 말에는 다른 측면이 하나 있다. 이것은 단순히 예수가 개인적으로 지어낸 문구가 아니라 유다교의 기도의 보고인 시편에서 나온 말씀이다. 예수와 동시대의 유다인들은 시편을 암기하고 있었다. 그래서 그들은 모두 이 시편 22를 알고 있었다. 이 시편은 죽을 지경에 놓인 '가난한' 사람의 노래로 늘 여겨졌다. 본문에 따르면 사람들은 이 가난하고 짓눌린 사람에게서 극도의 곤경에 처한 한 임금을 보기도 하였다. 이에 대해 메시아적 해석마저도 있었다.

예수가 이 시편의 첫마디를 부르기 시작하는 것을 듣고 그의 소리를 들을 수 있던 모든 유다인 적대자들은 적이 경악했을 것이다. 왜냐하면 그들은 버림받은 이 애소哀訴를 들었을 뿐 아니라, 그 시편 전체가 눈앞에 환히 보였던 것이다.

여러분이 성경 책을 한번 꺼내서 이 시편을 죽 읽어 보면서 십자가에 달린 예수의 처지를 생각해 보기만 해도 알 만하다. 그 당시 시편은 수백 년 된 것이었다. 그 탄식은 짐작건대 바빌론 유배 이전으로 거슬러 올라간다. 그럼에도 이 시편의 한마디 한마디가 연달아 망치로 때리듯이 바로 지금 실현된다. 마태오 복음서에 보면 구세주의 이 부르짖음에 이어 구경꾼 중 하나가 "이자가 엘리야를 부르네" 하였다는데, 엘리와 엘리야는 비슷하게 들린다. 한번은 언어에 매우 밝은 한 주석학자가 그것은 의도적인 교란이라면서 내 주의를 끈 적이 있다. 시편 22와 맺어지는 생각을 지워 버리려는 것이라고. 그 시편은 적대자들의 어떤 들뜬 의기도 마비시킬 수 있었던 것이다. 야유하고 멸시하던 자들에게도 그 시편의 구절들이 밀려오는 것이다. "나는 사람도 아닌 구더기, 세상에도 천더기, 사람들의 조롱거리, 사람마다 나를 보며 업신여기고 머리를 끄덕대며 삐죽거리나이다. '주께 의탁하였으니 구하시렷다, 그를 사랑하시니 빼내 주시렷다'..." 그들은 겨우 이렇게 말했다. "네가 하느님의 아들이라면 십자가에서 내려와 보아라."

시편은 이어진다. "마치 엎질러진 물과도 같이 내 모든 뼈들은 무너졌나이다. 밀초같이 되어 버린 이 내 마음은 스스로 내 속에서 녹아 버리나이다. 기왓장처럼 내 목은 칼칼하고 내 혀는 입천장에 들러붙었고… 그들은 내 손과 발을 묶어 죽음의 먼지 위에 앉혔나이다…" 시편 작가는 수백 년 전에 십자가형에 처한 사람의 처지를 어찌 이토록 적절히 묘사할 수 있었을까.

또 이어 "내 뼈는 마디마디 셀 수 있게 되었어도 그들은 익히 보며 좋아라 나를 보고 있나이다." (로마인들은 가급적 많은 구경꾼이 모이는 곳에서 십자가형을 집행하였다.)

시편은 이어 나간다. "저희끼리 내 옷을 나눠 가지고 내 속옷을 놓고서 제비뽑나이다." 로마군의 관습에 사형 집행 부대가 범죄자의 옷가지를 차지하도록 되어 있었다. 그런데 시편은 십자가형이나 로마 군대의 관습 따위를 전혀 모르던 멀고 먼 옛날에 이미 이런 말을 읊어 놓았다.

이 시편은 예수의 적대자 중 바리사이 또는 사두가

십자가에 써 붙인 죄명
(원본으로 추측되는 글귀)

HIC · EST · REX · JVDAEORUM
O · ΒΑΣΙΛΕΥΣ · ΤΩΝ · ΙΟΥΔΑΙΩΝ
ישׁוע · נצרא · א מלכא · ד יהודא

1. 라틴어: 이는 유다인들의 왕이다.

2. 그리스어: 유다인들의 왕

3. 아람어: 나자렛 사람 예슈아 유다인들의 왕

이 진영의 글을 볼 줄 아는 자들이 아연실색하며 이행해야 하는 대목이었다. 그러나 이 시편 전체를 아는 자라면 — 한마디 한마디 다 알고 있는 그들로서 — 이 시편이 종국에 가서는 하나의 승리의 노래처럼 끝나리라는 것을 알고 있었다.

"나는 당신 이름을 겨레에게 전하고 그 모임 한가운데서 주를 찬미하오리니... 가난한 이를 배부르게 먹이리이다. 야훼를 찾는 사람들이 당신을 기리며, 세상의 모든 권세가들이 그분께 경배하고 나의 영혼은 주님을 위하여 살리라... 나의 후예는 당신을 섬기며 미래의 세대에게 주를 들어 말하오리라..."

앞에서 성금요일에 번갯빛이 비친다고 말한 대로 낭패로 보이던 그날이 실제로는 이미 부활의 조짐으로 차 있다. 시편 22를 다 읽으면 "그분께서 다 이루셨다" — 히브리어 "Ki asá" — 라는 끝마디로 맺는다. 요한복음서 19장 30절에 나오는 예수의 마지막 말씀은 "다 이루었다"가 아닌가. 예수가 이 예언적인 시편의 첫마디와 끝마디를 기도함으로써 이 시편에 담긴 내용 전부가 바로 이 자리에서 지금 실현되고 있음을 밝했다는 점을 거의 아무도 언급하지 않고 있는 것이 나로서는 언제나 의아하였다. 이 시편이 말하는 모든 것이 바로 지금 여기에 해당하며 바로 지금 실현되고 있는 것이다. 주석학자 한 사람은 내게 말하기를 이 시편과 같은 대목이 나오는 것은 초기 그리스도교 공동체 내에 있던 비교적 많은 바리사이들과 사제들을 위해서였다고 자기는 믿는다고 하였다. 그 후에, 부활하신 분이 엠마오로 가는 제자들에게 성서를 풀이해 주었는데 — 거기에도 시편 22가 들어 있었을 것이다.

이상이 하느님에게 버림받아 죽어 가는 예수의 힘겨운 절규의 다른 면이다. 이 시편 안에 성금요일의 모든 참상과 아울러 내일의 확실한 승리가 함께 나타난다. 그렇기에 예수의 적대자들에게는 하나의 엄청난 경악이었다. 그들은 골고타에서 승리감에 들뜨기는커녕 불안하고 심란한 상태로 집으로 돌아갔다. 처형된 이 사람의 사안이 종결되지 않고 일견 승자로 보이던 그들을 숨 막히는 예감으로 억누른다. 그리고 그들의 예감은 그대로 들어맞았다.

부활

부활을 알리는 가락

앞서 보았듯이 예수는 한편으로는 영적인 고통의 밑바닥까지 내려가는 인간이면서 다른 한편으로는 경이로운 품위와 주권을, 신적인 존엄과 영예를 주장하였다. 이렇듯 부활의 빛은 치유와 행동, 말씀과 가르침을 통해서만 비칠 뿐 아니라 극도의 무방비 상태와 죽음의 단말마를 통해서도 비치는 것이었다.

이제 우리는 부활 아침을 맞는다. 이 아침은 결정적인 돌파이다. 예수 그리스도의 드러난 승리가 결정적인 확인이며, 하느님이 그 안에서 우리들을 향해 자신을 보여 주신 계시이다.

부활을 두고 우리들은 그리스도인으로서 "하늘이 바이올린으로 가득하다"는 금언金言을 감히 쓸 수 있다. 온 땅과 우주에 노랫소리가 울린다. 우리는 절대자가 그의 창조에서 때로는 뚜렷이 또 때로는 우리 인간 위에 불가사의한, 거의 아픈 불협화음으로 들려주는 가락의 주도악구Leitmotiv를 알아내야 하지 않을까.

그러나 그 가락은 어김없이 베토벤의 9번 교향곡처럼 빛나는 종악장으로 끝맺는다. 중세의 위대한 신학자 토마스 아퀴나스도 이 주도악구에 귀를 기울였고, 하느님 가락의 기조基調는 단 한 가지, 곧 사랑밖에 있을 수 없다고 밝혔다.

나도 한번은 이 경이로운 가락을 어느 순간 들은 적이 있다. 그때는 하늘이 바이올린으로 가득하지 않았다. 나는 열아홉 살 나이에 게슈타포에 잡혀 독방에 감금되어 있었는데, 그다음 날이면 강제수용소KZ로 가야 한다는 것이었다. 내가 순례 조직에 협조했다는 고발이었다. 강제수용소가 무엇을 뜻하는지 나는 알고 있었다. 고향으로 돌아올 가능성은 꿈도 못 꾸었다. 그렇게 날은 저물었다. 경찰서 유치장의 조그마한 창을 통해 도시 위에 솟아 있는 노르트겟터*의 한 귀퉁이를 마치 자유의 마지막 인사처럼 바라보았다. 유치장 앞에는 상수리나무 몇 그루가 있었는데 우리 소

---

* Nordkette. 인스브룩시 북쪽을 병풍처럼 에워싸고 있는 해발 2600여 미터의 아름다운 산맥.

년 그룹의 장난꾸러기 한 명이, 우리가 위층에 수감되어 있는 걸 알고, 나무에 기어 올라가 친위대*원들이 알 턱이 없는 가락을 휘파람으로 불어 주었다. 그것은 그 무렵 처음으로 전례에 도입된 「아가」 곡의 한 자락이었다.

"사랑은 죽음처럼 힘이 억센 것. 사랑의 화살은 불로 된 화살, 큰물도 사랑만은 끌 수가 없고 강물도 쓸어 가지 못하옵니다."

바로 이것이다. 그리스도 안에서 스스로를 계시하는 하느님, 구원의 찬가, 성삼위의 기조 악상, 시간 안에서 영원의 선율.

부활을 노래하는 그 악상에는 여러 절節이 있다. 거기에는 우선 '그럼에도 사랑'이라는 절이 있다. 하느님은 혼란을 거슬러, 고난과 저항과 어둠의 뇌우 속에서도, 당신의 사랑을 드러내고자 하셨다. "하느님께서는 세상을 너무나 사랑하신 나머지 외아들을 내주셨다."

---

* 친위대 SS = Schutzstaffel. 나치스 독일의 가장 두려운 특수 보안부대.

여기서 우리는 하느님이 고통과 죽음과 죄악을 왜 허용하는가 하는 신비에 접하게 된다. 그분은 사랑이 더 강하다는 것을 보이고 계시며 더욱 뚜렷이 보이실 것이다.

다음으로는 듣지 않으려야 않을 수 없는 자비의 절이 있다. 복음서는 이 소절을 거듭거듭 노래한다. 양을 찾으러 초원과 가시덤불을 헤매는 착한 목자의 모습에서, 우물가에서 사마리아 여인과 나누는 대화에서도 당시 사회의 금기와 편견을 무릅쓰고 이 자비의 절이 들려온다. 이 자비의 절은 특히 간음한 여인과의 장면에서 아주 뚜렷해진다. 바리사이 시몬의 집 잔칫상 곁에서 벌어진 죄녀와의 감동적 만남에서는 이 소절이 연회 음악같이 들려온다. 자비의 이 가락은 심지어 십자가 처형장에서의 망치 소리조차도 누르지 못한다. "아버지, 저들을 용서해 주십시오. 저들은 자기들이 무슨 일을 하는지 모릅니다." 그리고 부활한 예수가 제자들에게 한 첫마디는 죄사함의 자비로운 말씀이었다.

나는 그리스도교를 일련의 그저 좋은 말로 변형시

켜 버리려는 무리에 속한다는 비난을 받고 있음을 벌써부터 느끼고 있다. 맞는 말이다. 나는 하느님의 압도적인 자비를 믿고 있으며 이것만이 내 삶을 견디어 낼 수 있게 해 준다. 예수는 그의 사랑의 노래 중에 때로는 북 치며 나팔 불며 자비의 가락을 들려주기도 하였다.

하지만 유심히 살펴보면 그리스도는 강자에게는 강경하고 약자에게는 부드러웠다. 더 나아가 큰물로도 끌 수 없는 이 부활의 사랑 노래에는 또한 도움과 보살핌과 공감과 동참의 소절도 있다. 치유의 주님이 큰물로도 끌 수 없고, 강물도 휩쓸어 가지 못하는 사랑의 이 소절을 선창先唱한 것이다. 바로 이것이 언제나 하느님의 가락이고 이를 노래하는 곳이면 어디나 구원하시는 하느님이 멀리 계시지 않는다.

계시의 하느님은 당신 창조에 이 가락을, 여러 소절과 변주로, 때론 조용하게 때론 아주 강하게, 작곡해 넣은 것이다. 그리고 내게는 이 가락을 한 장난꾸러기를 시켜 비밀경찰 감옥 안까지 들려주었다.

"사랑은 죽음처럼 힘이 억센 것, 사랑의 화살은 불

로 된 화살, 큰물도 사랑만은 끌 수가 없고 강물도 쓸어 가지 못하옵니다."

신앙의 부활 빛이 밝혀지기 어려운 오늘

성토요일 밤에는 불이 타고 있다. 부활 성야 전례는 저녁 하늘을 향해 솟은 수없는 성당 정문과 담 앞에서 진행된다. 이 독특한 빛의 축제는 틀림없이 더 아름다워졌고 마땅한 자리인 회중 한가운데로 옮겨졌다. 내가 어렸을 적에는 이 전례를 열심한 부인 두어 명과 집전 성직자 외 우리들 복사 몇 명과 끼리끼리 새벽 다섯 시에 따로 치렀다. 그러고 나서 이 낯설어진 전례의 일종의 민속적 대용으로 오후에 가서야 부활제를 거행했다. 하지만 그것으로서는 구원 축제의 심오한 뜻이 더는 살아나지 않았다. 게다가 성토요일 이른 새벽에 치르는 부활 밤 전례는 물론 라틴어로 행하였다. 어머니는 우리들에게 번역이 적힌 소책자 하나를 챙겨 주어 그 뜻을 따라 할 수 있게 하였다. 뿐더러 부활초를 켜고 「용약하라」를 노래하고 첫 알렐루야를 환호하는 일 등은 모두 참여자 없이 하였다. 이런 이야기를 내가 이번에 늘어놓는 까닭은, 예전에는 모든 것이 더 좋았다는 넋두리가 그치지 않아서이다. 부활 성야 거행에는 해당하지 않는 말이다. 오늘의 전례와 1930년대의 전례를 찍은 단편 기록영화를 보면 알 만하다. 후자는 전례의 석기시대로 돌아가 보는 나들이가 될 것이다.

그러나 문제는 다른 데에 있다. 부활의 불빛이 오늘날 보게 된 심미적인 전례 체험 너머, 촛불과 찬란한 조명 너머, 사람들의 마음속까지, 풀리지 않은 죄책의 어두운 구석까지, 그늘져 가는 마음들까지 비추고 있는지 물어야 한다. 그 불빛이 과연 생명 존중과 인간성의 증진으로 이어지는지, 희망의 불꽃을 일으키는지, 부활 불빛의 반사가 사회의 길거리에까지 비치는지, 구원하시는 하느님에 대한 새로운 기쁨이 솟게 하는지 문게 된다. 이것이 문제이다.

예수 부활의 소식 전달은 항상 어려웠다. 부활하신 분을 몸소 만난 제자들에게마저 어려웠다. 그 발현에 압도되고 기뻐 어쩔 줄 모르면서도 한동안 그들은 이를테면 노출 부족이었다. 더 깊이 깨닫는 데는 성령의 강림이 있어야 했다. 부활 불꽃의 소식 전달은 언제나 어려웠다. 그 당시 세상에서 바오로도 이 어려움을 어떻게 체험하였는지 사도행전 17장은 이야기해 준다.

이제 장면을 바꾸어 바오로와 함께 아테네의 시장터로 한번 걸어 들어가 보자. 아테네는, 기술적 변화만 아니라면, 오늘의 우리 세계와 정말 닮았다. 그곳은 하나의 다양하고 다원적인 세상으로 로마제국의 여러 지역에서 흘러 들어오는 고대와 동양의 조류가 뒤섞이는 곳이었다. 거기에는 철학의 여러 유파와 신비로운 밀교들, 학자들과 도사들, 사상가들과 말쟁이들, 진정한 구도자들과 비교적秘敎的 환상가들, 호사가들, 선정적인 불가지론자들이 모두 오늘날처럼 모여 살았다. 옛 아테네는 지난날의 영화는 다 바랬으나 플라톤, 아리스토텔레스, 소크라테스, 데모스테네스, 피타고라스와 같은 위대한 인물들의 덕을 보고 있었다. 마치 오스트리아의 축제 계절에 하이든, 모차르트, 베토벤, 슈베르트의 덕을 보듯이. 그러면서 자부심도 있었다. 세계도시답게 너그러운 마음, 때로는 다 안다는 식의 교양에 대한 자만에 젖어 오늘도 그렇듯이 문화 운운하고 있다. 이런 피상적이고 어지럽고 천박한 사회 한가운데에서도, 역시 오늘도 그렇듯이, 진지하게 진리를 추구하는 사람들이 있었다.

이런 세상을 향해 바오로는 부활의 불을 던진다. 이야기를 해 보라고 청을 받은 그는 그가 보기에 청중 쪽에서 긍정적이고 유망한 면을 들어 관심을 끌어 보려 한다. 그는 허다한 신전과 성지 중에서 '알지 못하는 신에게' 바쳐진 제대를 하나 보았던 것이다. 그래서 이를 접점으로 삼아 보고자 하였다. 그리고 발을 들여놓는 데 거의 성공한 것으로 보였다.

그런데 순박한 서민들은 고래古來의 다신多神 천국을 아직도 믿고 있었고, 도시의 식자층은 그런 믿음에서 벌써부터 벗어나 있었다. 사람들이 타르소에서 왔다는 이 천막공에게 물론 무슨 큰 기대는 안 걸었다. "땅까마귀가 뭘 어쩌자는 건가" 하면서 사람들은 자기네의 풍부한 정신세계에서 그저 흘린 낟알이나 좀 주워 올 수 있었겠지 하였다. 그래도 어쨌든 무언가 막연하게 신적인 것에는 귀를 기울여 보자는 거였다. 그런데 바오로가 웬 부활 이야기를 시작하자 잘난 청중은 비쭉거리며 빈정댔다. "그런 이야길랑은 두었다가 다음에 들읍시다."

부활 불꽃이 이 탁한 물에서는 픽 꺼져 버릴 것 같았다. 부활한 분의 소식 전달은 본래 어려웠다. 하지만 몇몇 사람에게서는 불이 붙었다. 이들 역시 한 지친 문명의 상징인 아테네의 그 장터에서, 부활 밤의 빛을 받았던 것이다. 그때까지 이들은 가소로울 정도로 적은 소수였다. 그런데 그들 안에서 붙은 불은 아크로폴리스*와 아레오파고스,** 철학 유파와 밀교 신봉보다 오래갔다. 이들 유산은 정신사 전문가들의 연구 대상이다. 그러나 부활의 불은 여전히 온 세상에서 타고 있다.

세상을 바꾸어 놓는 그리스도의 광휘를 믿을 수 있다는 것은 틀림없이 하나의 크나큰 은총이다. 이 믿음은 과거에도 쉽지 않았고 앞으로도 결코 쉽지 않을 것이다. 하지만 우리가 어렵고 혼란스러운 세상 한가운데서 오늘도 그대로 부활의 알렐루야를 마음을 다하

---

* Acropolis, 아테네의 성채이자 가장 대표적인 신전의 터전.
** Areopagos, 아테네의 주요 광장.

겐네사렛호수

여 노래할 수 있다는 것은 정말로 고마워해야 할 일이다. 이 노래 안에서는 절대적 미래가 공명한다. 그렇다. 또 그렇게 머물 것이다. 그리고 우리 교회 대책에까지 어디서나 때로는 크게 작용하는 통계 숫자는 결코 결정적인 것이 아니다. 아테네의 장터에서도 그렇지 않았다.

 부활 불꽃이 널리 비치기 위해서는, 전례와 경건한 아름다움을 넘어, 하느님의 예측할 수 없는 은총 외에도 또 다른 무엇이 결정적이다. 그것은 인간이라는 존재의 암흑을 이기는 위대한 승리를 엿보게 하는 그리스도인들이 있음이다. 부활의 빛발을 성당에 앉아 있는 이웃 너머로 전할 줄 아는 신자들이 있음이다. 우리 시대에도 확실히 많은 이들이 다른 누구로부터 적은 빛이라도 기다리고 있다. 바로 아테네의 장터에서도 그랬고 모든 시대의 온갖 인간적 만남의 자리에서도 마찬가지다. 사회의 시린 저녁 바람에 또는 성당의 썰렁한 외풍에 가물가물하던 부활 불빛이 두고두고 탐조등이나 조공등照空燈보다 오래갈 것이다. 이 점에 대해서는 세계 역사가 인상적인 입증을 해 주고 있다.

구원을 향해 가기 위해서는 항해도가 필요하다. 내가 이제 항해 방향의 예를 들자면, 라디오와 레이더 발명 이전까지는, 항해자에게 도움이 되는 것이 두 가지 있었다. 그 하나는 기적부표汽笛浮標였고 다른 하나는 등대였다. 기적부표는 안개 속이나 어둔 밤에 높은 소리를 지르며 암초가 있음을 경고한다. 오늘날의 그리스도교에도 기적부표가 있다. 암초와 오류의 벼랑이나 죄악의 위험한 사주砂洲나 평평한 모래톱을 경고하며 외치는 개탄과 고발의 기능을 나무랄 마음은 없다. 하지만 기적부표도 그 합창이 너무 강렬해지면 듣기에 괴로워질 수가 있다. 빛을 빙빙 돌리면서 그 해상의 파도 위에 반사시키는 등대가 오히려 항해 방향을 잡아 주는 데 더 마음을 끄는 편이다.

부활 성야와 성토요일 거행의 기억을 간직하는 우리는 역시 때때로 예수 사건에 있어 그래도 기적부표가 아닌 등대 노릇을 해야 하지 않겠는가. 그렇게 해서 부활하신 분의 소식 전달이 이 다차원적이고 혼란스러운 세상의 장터에서 덜 어려워지도록.

부활의 수학 방정식

교회의 오래된 관행에 따르면 큰 축일, 특히 부활 주일에는 강론을 너무 길게 하지 말라고 했다. 나도 이를 따르고자 하는데 그것은 내 나름의 소신에서이다. 성급하고 어수선한 우리 이 시대에 귀담아듣는다는 것이 그리 간단치 않음을 알고 있기 때문이다. 그렇다는 것을 나는 경험으로 안다. 그렇지만 솔직히 말해서 현대 강론은 짧게 하라는 그 경고 또한 하나의 문제이다. 온 세상을 포괄하는 진실을 어떻게 짧게 피력하란 말인가. 부활 날의 신비의 폭넓은 효력을 어떻게 전보 치듯 다 전하란 말인가. 시간과 영원을, 우주와 역사를, 현재와 미래를, 온 인류와 내 이 작은 인생을 다 감싸는 그 힘을 전보 치듯 할 수 있는 건 뉴스, 연락, 사업 소식, 정치 선전, 증시 분석 따위겠는데 그 경우라도 축약이 못마땅할 수 있다. 그러나 구원의 신비, 이 가련한 세상에 대한 무한자의 사랑 이야기를 어찌 손쉽게 짧은 속기록에 담아낼 수 있겠는가.

그러니 이제 나는 부활이 여러분에게 그리고 나 자신과 모든 이에게 무엇을 의미하는지 몇 마디 문장으로 표현해 보고자 한다. 이를 위해 나로서는 과히 익숙지 않은, 그러나 가장 짧은 공식公式을 개발했다는 수학으로 대신해 볼까 한다. 학교에서 복잡한 등식을 앞에 놓고 착잡한 생각으로 앉아 있던 기억이 지금도 난다. 그 많은 숫자와 글자들, 기지수와 미지수, a와 b와 x와 y, 게다가 작은 괄호를 가두어 넣은 큰 괄호들, 분수와 근수根數와 자승 등등. 통틀어 꽤나 부담스러운 추억이었음을 고백한다. 그러나 어쨌든 결과를 얻기 위해서는 괄호와 덧셈, 뺄셈 앞에 있는 부호符號가 결정적이라는 것을 나는 안다. 다른 모든 것은 그 부호에 달려 있는 것이다.

바로 여기에 내가 뜻하는 바를 걸고 들어가 보겠다. 어떨까. 우리들의 어렵고 불투명한 인간 실존을 단 하나의 커다란 괄호로 형용할 수 있지 않을까. 그 괄호 안에 또다시 둥근 괄호 또는 각진 괄호가, 운명과 유전의 많은 기지수와 미지수가, 다 풀어낼 수 없고, 제아무리 유식한 인류학도 산출해 내지 못하는 근수가,

a와 b와 x와 y를 담은 많은 수수께끼와 불확실성 등이 있다. 죄과로 인한 잘 드러나지 않는 균열, 우리네 인간이 삶의 별로 중요하지 않은 것도 두제곱, 세제곱, 네제곱으로 받아들이기 때문에 생기는 과도한 공권력 행사도 있다.

우리의 이 커다란 괄호 안에는 과거와 현재와 미래, 타고난 것과 습득한 것, 환경과 사회, 성취와 좌절, 성공과 실패, 고통과 사랑, 숙명과 자업자득, 자유와 속박, 불안과 갈망, 밝은 길눈과 헛길, 선의와 낭패, 위기와 발전, 삶과 죽음이 다 들어 있다. 나의 인간 실존이라는 큰 괄호 안에 다 들어 있으며 그 괄호는 학교에서 나를 괴롭히던 저 등식들보다 훨씬 더 크고 복잡하다. 우리의 커다란 운명 괄호를 푸는 일이 어쩌면 어린 중학생을 닮았다. 시간은 자꾸 흘러가고 초조하게 시계만 들여다보는데 휴식 신호가 울릴 때까지 끝마칠 것 같지는 않고, 우리들 역시 인생 괄호의 풀이를 하는 중에 시간은 빨리 흐르고 이 숙제를 다 해낼 수 없을 것만 같다. 잘 모르겠고 내다보이지도 않고 비극적인 현실 속으로 너무나 깊이 뻗어 있는 많은 뿌리를 뽑아 올릴 수가 없는 것이다.

인간은 거듭거듭 이 커다란 괄호 앞에 서게 된다. 사상가와 시인, 작곡가와 과학자, 연구원과 교사, 아이들 걱정을 하는 부모들, 평범한 보통 사람 누구나 이 커다란 괄호의 신비를 느낀다.

그리고 내적으로든 외적으로든 부담을 안고 있는 삶에서는 이 큰 괄호 앞에서 하나의 마이너스 표를 긋고 싶어진다. 우리들의 문명 세계에서는 ― 특히 부유한 복지사회에서는 ― 일종의 부정적 정서랄까 마이너스를 적어 놓는 경향이 있다. 그런데 뺄셈에 나선 책, 연극, 카바레, 영화, 철학 등은 얼마든지 있다. 나이 들어 하는 노년 자살을 살펴보면 그 원인이 부정적인 인생 결산에 있음을 알 수 있다.

그러나 모든 것은 앞에 놓인 부호에 달려 있다.

그렇다면 부활은 무엇을 뜻하는가.

예수의 부활로써, 세계사의 가장 결정적인 아침에, 절대자는 저 초연하고 부드러운 손으로 마이너스를 하나의 플러스로 변화시킨 것이다. 우리 실존의 크나큰 괄호는 비극으로, 절망으로, 파멸로 끝나지 않는다. 누구든 선의와 신뢰심과 신앙심을 가지고 부활한 분의 빛의 둘레에 들어서면 곧 위로 들어 올려진다. 인생이 더 이상 입을 벌린 무無로 빠져드는 비극일 수는 없다. 아래로 내리긋은 작은 마이너스가 수학 등식에 있어 그토록 중요한 플러스가 되면서 하느님의 산수에서는 헤아릴 수 없는 결과를 낳는다. 우리의 존재는 마치 회오리바람이 낙엽과 가지를 위로 쓸어 올리듯이 위로 들어 올려진다. 그러면 큰 등식이 이렇게 된다. 플러스, 괄호 열고 이어서 운명과 죄과, 어둠과 빛, 공로와 실패, 더듬는 신앙과 희미하게 밝아오는 희망, 괄호 닫고 나면 그것이 곧 구원된 인간이다.

여러 해 전 나는 산촌의 한 학교에서 한 학년 동안 아이들에게 예수에 관한 이야기를 들려준 적이 있다. 베들레헴에서 시작하여 가르치며 치유하는 생활을 거쳐 적대와 비난을 받다가 수난, 십자가 그리고 부활과 승천에 이르는 이야기였다. 다 마치고 나서 나는 아이들에게 물어보았다. 그 모든 이야기에서 무엇이 가장 좋더냐고. 그랬더니 한 작은 녀석이 일어서더니 반색하며 말하는 것이었다. 모든 게 다 잘 끝나는 게

좋았다고. 그것은 한 아이 입으로 예수님이 가져다준 큰 플러스를 표현한 것이었다. 부활을 맞으면서 우리도 그 점을 영혼에 다져 넣어야 한다. 우리들의 인간적 약점에도 불구하고 우리 자신을 겸손과 신뢰를 가지고 구원하시는 하느님께 열기만 한다면 모든 것이 잘 끝난다고.

  그 밖에도 산농사 짓는 집 아이의 반응은 또 다른 것을 가리킨다. 저 큰 플러스에 대한 갈망은 아이와 어른 모두의 영혼에 깊이 뿌리박고 있다는 사실이다. 아이들은 파멸과 헤어날 길 없는 절망으로 끝나는 이야기를 싫어한다. 피노키오는 태워 버리면 안 되고 마야라는 벌은 밟으면 안 되며 긴 양말 핍피는 물에 빠지면 안 되고 백설공주는 죽으면 안 된다. 이렇듯 존재의 커다란 플러스에 대한 일종의 다할 수 없는 갈망이 있는 것이다. 목마름이 어딘가 물이 있으리라는 것을 깨닫게 하듯이 부정과 무의미와 의혹의 검은 물이 범람하는 세상에서 모든 것이 잘 끝나리라는 궁극적인 긍정에 대한 이런 갈망이 있는 것이다. 이 갈망은 제아무리 위대한 결과를 내는 과학도, 기술도, 연구하고 활동하는 지성도 채워 주지 못한다. 우리 실존의 등식에 임하는 저 큰 플러스를 가져다주는 것은 오직 하느님에 대한 믿음, 구원자 하느님에 대한 믿음이다. 하느님은 그 아드님의 부활로써 우주와 역사를 향해 종국적으로 저 큰 플러스를 그려 주신 것이다.

부록

아래 세 편의 글은 이 책자에서 이미 거론된 몇몇 측면을 좀 더 깊이 살펴보려는 것이다. 그러나 책자 본문과는 그 성격이 다르다. 이 글들은 묵상이나 강론이 아니라 강연이다. 라인홀트 슈테혀가 2002년에, 그러니까 바티칸 라디오에서 방송한 강론과 같은 해에 빌헤링 수도원* 피정에서 발언한 것이다.

---

* Stift Wilhering, 린쓰(Linz) 시에서 머지않은 곳에 있는 씨토회 수도원으로서, 1146년에 설립되었음. 많은 시련 끝에도 귀중한 수사본(手寫本) 도서관과 아름다운 성당을 지켜 왔음.

예수와 대사제들

예언자의 맥을 이어 사회 참여에 투신하며
사회 비판을 하는 예수

예수의 고난을 극기 수덕하는 영성적 입장이 아닌, 다소 다른 길로 한번 천착해 본다는 것은 지엽적인 데로 일탈하는 일이 아니다. 예수가 겪은 숱한 논쟁과 대립은 결국 그를 유죄판결로 몰아갔거니와 모든 시대를 넘는 구원사적인 핵심을 담고 있다. 그리고 우리가 예수를 당시의 역사적 배경에서 바라보고 이해하려고 힘쓴다면 하느님의 아들이 또한 인간이자 현존자로서 더 가까이 다가온다. 그런 뜻에서 이제 예수의 적대자들에게 눈을 돌려 보기로 한다.

나는 예루살렘의 큰 박물관에서 갑자기 대사제 카야파의 골호骨壺와 마주치면서 매우 놀란 적이 있다. 그것이 발견되었다는 것을 나는 전혀 모르고 있었다. 그러나 거기 적힌 묘지墓誌는 분명하였다. 유다고 분야에서 대사제들에 관한 문헌을 한번 보았는데, 한 독실한 랍비가 예수 시대의 대사제 명문가 넷에 관한 불쾌한 추억을 적은 글을 옮겨 실은 것이었다.

"나는 슬퍼라, 보에토스 가문 때문에
나는 슬퍼라, 그들의 창槍 때문에
나는 슬퍼라, 그들의 깃털 차림 때문에
나는 슬퍼라, 카트로스 가문 때문에
나는 슬퍼라, 한나스 가문 때문에
나는 슬프다, 그들의 뱀 같은 휘파람 소리 때문에
나는 슬프다, 이스마엘 벤 피아비 가문 때문에
나는 슬프다, 그들의 주먹질 때문에
그들은 대사제들
그 자식들은 재화지기
그 사위들은 성전 두목
그 종놈들은 서민을 막대로 치고..."

이것은 예수 시대의 타락한 대사제직을 엿보게 하는 유다계 문헌의 한 묘사이다. 동시에 예수의 적대자 중에서도 가장 두려운 존재로 본 유력자의 이름이 이미 나타나 있다. 한나스(히브리어로 하난야)가 바로 그다.

위에 거명된 가문들은 예루살렘의 부유층을 대표한다. 이들 가문의 한 궁궐을 성전 서쪽에서 발굴하였는데, 백성 대부분은 가난한 마당에, 엄청난 재산의 흔적을 만났다. 이 네 가문은 예수 시대에 대사제직을 번갈아 맡았다. 그 직책은 사실상 로마 지방 태수太守들로부터 매수한 것이었으며 그것은 로마 고위 관료들이 탐내는 수입원의 하나였다. 오늘 우리로 치면 억만금이 오갔다. 그래도 이 가문들은 그것을 뇌물로 제공할 줄 알았다. 왜 그랬을까. 따지고 보면 하나의 종교적 직책인데, 우리나라의 대부호들이 주교직 같은 자리를 놓고 거액을 내놓는다는 것은 도무지 상상하기 어려운 일이다. 그런데 대사제직은 결코 전례적인 직책만은 아니었다. 그 자리에는 훨씬 더 큰 것이, 막강한 권력이 걸려 있었다. 그렇기에 한나스 또는 카야파 같은 자들은 돈이 있었기에, 말하자면 금권 정치가였기에 대사제였던 것이다. 그리고 일단 그 직책을 맡게 되면 여러 가지 방법으로 권력을 돈으로 만들 줄 알았다. 말하자면 정치 금권가가 되었다.

대사제가 된다는 것은 무엇을 의미했는가.

1. 대사제는 유다 민족의 최고 대표였다. 큰 축일이면 그는 성의聖衣를 입고 가슴에는 열두 개의 보석이 박힌 흉배胸背를 하고 주교관冠 비슷한 모자를 쓰고 성전에 들어갔다. 수석사제만이 지성소의 텅 빈 안에까지 들어갈 수 있었다. (성의는 로마 지방 태수가 간직하고 있다가 거룩한 축제날 내어 줌으로써 사제들을 견제하는 수단으로 삼았다.)

2. 대사제는 최고의회(산헤드린)의 수석이었다. 최고의회는 로마인들 측에서도 인정하는 최고 종교·정치·사법 기관이었다. 의원은 71명으로 구성되어 있었으나 의결 정족수는 그 절반이었다. 이 점은 수난사와도 상관이 있다. 카야파가 성목요일 저녁에 급히 연 회의에는 틀림없이 믿을 만한 의원들만 소집했을 것이다. 이들을 파벌로 갈라 본다면 (대사제도 그중에 드는) 사두가이들과 (사두가이들과는 달리 교양 수준이 매우 높은 율법학자들인) 바리사이들이었다. 이 두 집단은 종교적인 동기로 늘 대립하고 있었다. 이들 중 아리마태아의 요셉 같은 원로들 역시 부유층에 속했다.

유다교계에서 다른 죄과를 다루는 법정은 3심까지 따로 있었으나 신성모독에 관한 판결만은 최고의회에 유보되어 있었다. 최고의회는 성지 밖에 사는 이산 離散 공동체들마저도 자원하여 인정하였다.

3. 이처럼 대사제는 최고 법정의 법원장이었으나 사형 판결은 스스로 내릴 수 없었다. 그것만은 로마인들이 자신에게 유보하였었다. 이 규정이 스테파노의 투석 사형에서처럼 어쩌다 지켜지지 않은 경우는 아마 지방 태수의 자리가 교체로 인한 공석이었으리라고 짐작된다.

4. 대사제는 성전 관리의 최고직에 있었다. 그러니까 수천 명 사제들의 수장이었다. 예루살렘 성전은 하나의 중대한 경제 원동력이었고 헤로데 대왕 통치 이래 쉴 새 없이 거대한 건설 현장이었다.

5. 그러다 보니 대사제는 성전 시장을 지배하는 자였다. 넓디넓은 '이교도 앞뜰'이라는 곳에서는 대규모 시장 영업이 번창하였다. 예수 재판 20년 후에도 '한나스 아들들의 상점들'이라는 말이 나온다. 상인들 하나하나가 물론 점포세를 내고 있었음은 상상이 간

다. 여기서도 대사제의 물질적인 측면이 드러난다. 성전 시장의 (희생된 짐승 등) 가격은 대사제들이 매겼다. 그것도 어찌나 뻔뻔스럽게 높게 매겼던지 상인들이 들고 일어나기까지 하였다. 그중에서도 가난한 이들의 제물인 비둘기 두 마리 값을 금화 1량(은화 25량, 데나르)으로 정하자 분노가 터졌다. 그리스도 약 20년 이후에 힘겨운 대결 끝에 시메온 벤 가말리엘이라는 랍비가 그 비둘기 한 쌍 값을 4분의 1데나르로 깎아 내리는 데 성공했다. 그는 저 유명한 랍비 가말리엘의 아들이다.

또 하나의 거침없는 모리謀利 수단의 단계는 예루살렘 성전을 고유한 통화 영역으로 만든 사실이었다. 따라서 방문객과 순례자의 온갖 통화는 성전 은화(세켈)로 환전해야만 했다. 신약서만 보아도 스무 가지 종류 이상의 돈 이야기가 나온다. 로마제국에는 아주 여러 가지 동전이 있었다. 왜냐하면 태수들과 시 당국에 일부 동전 주조 권한이 있었기 때문이다. 이 일을 놓고도 요셉 플라비우스가 어디엔가 기록했듯이 대사제들은 크게 재미를 보았다. 성전의 금전 관리에는 결국 온 세상에서 모아들이는 거액의 성전 세금도 귀속했다. 이 돈에 대한 책임 역시 대사제에게 있었다. 그런 고로 성전 재화 관리 주임은 탈무드*의 어느 인용에서 말하듯이, 언제나 대사제의 친척이었다. 성전 재화 자체도 또 하나의 중요 사항이었다. 바로 성전 전체가 로마 황제의 보호하에 놓여 있었고 (이와 관련된 기록판도 발견되었음) 비유다인이 그 성역에 들어가기만 해도 사형에 처한다는 금령이 있었으며 니카노르 문 앞에 있는 재화 창고 내의 성전 보물의 범접도 엄금했었다. 그래서 성전 보고에는 봉헌물뿐 아니라 거액의 돈도 들어 있었다. 고위층 나리들은 은행 업무에도 능통했다. 서기 70년에, 티투스 장군의 뜻을 어기면서, 병사들이 성전을 약탈했더니 황금이 얼마나 많이 쏟아져 나왔던지 그 시세가 반값으로 폭락했다.

6. 끝으로 대사제들은 예루살렘에서 경찰력을 행사했다. 이를 위해 성전 경비대의 우두머리로 "로슈-하-카도슈", 즉 성전 사령관을 두었다. 그 또한 언제

---

* Talmud, 율법학자의 글과 구전과 해설을 집대성한 책.

예루살렘의 성전산

나 대사제의 친척이었으며 때로는 대사제직의 후보자였다. 성도聖都 전체에 대한 공권력은 로마인들이 부여한 것이었는데, 최고의회의 권한 때문에 때로는 예루살렘 영역 너머까지 미치기도 하였다. (최고의회 명을 받고 바오로가 다마스쿠스로 파견된 건 참조)

이렇듯, 앞서 말한 네 가문 등 예루살렘의 상류사회가 대사제직을 놓고 치열한 경쟁을 벌일 만한 여러 까닭이 있었음을 알 수 있다. 그 직책이 종교적으로는 이미 속이 비어 있었고 현역들은 종교적으로 자유주의적인 사두가이파에 속해 있었다. 이들은 모세오경만을 인정하면서 그 밖에는 권력과 금력의 인맥으로 일을 했다.

나자렛 예수는 그들이 누리고 있는 특권 지위에 위협을 주는 인물로 보았다. 그런 소견은 특히 예수가 성전에서 장사꾼을 내쫓는 사건으로 더욱 뚜렷해졌다. 여기서 예수는 그들의 큰 사업 이권을 걸고 그들의 신경을 몹시 건드렸다. 변을 당한 장사꾼들은 틀림없이 대사제들에게 가서 불평을 터뜨렸다. 예수의 개

입은 매우 거칠어서 온유한 구세주상과는 사뭇 멀었다. 그리고 예수는 단순히 한 사회혁명가도 아니고 그 당시 가끔 등장하는 성전 비난가도 아니었다. 그는 구약의 예언자들의 비판적 사명과 꼭 맞는 성서 말씀에 따라 행동했던 것이다.

네 복음사가 모두가 이 사건을 보고하고 있는데 요한이 가장 상세하다. 예수가 이 도발적 행동을 벌인 것은 단지 착취에 대한 항의로서만이 아니다. 당시 그런 항의는 여러 가지 형태로 나타나곤 하였다. 꿈란* 집단처럼 성전 예배와는 절연한 유다인 집단들도 있었다. 그것은 아니다. 예수는 의식적으로 예언자들과 메시아적 완성을 암시하며 행동하였던 것이다.

도둑의 소굴이라는 표현은 예레미야서 7장에 나온다. 건성으로 해도 소용없다는 말도 이어진다. "주님의 성전이다. 주님의 성전이다. 주님의 성전이다"라고 건성으로 자꾸 되풀이해 봐야 아무 소용 없다. 하느님

---

* Qumran. 사해 서북단에 있는 폐허의 자리. 서기 2세기 초에 유다인 반란자들이 모여 지내던 터전. 1947년 「사해문헌」이 처음 발견된 곳.

의 집은 신앙심으로 차고 넘쳐야 한다. "나의 집은 모든 민족들을 위한 기도의 집이라 불리리라" 하는 대목을 예수는 이사야서 56장에서 취한다. 그리고 즈카르야서 14장 21절에서는 종말에 있을 성전에 대한 이런 말씀이 나온다. "그날에는 만군의 주님의 집안에 더 이상 장사꾼들이 없을 것이다."

이처럼 성전 상인 소탕을 통해 예수는 명백히 메시아적 완성자로서의 주장을 하고 있기 때문에 기득권층은 경계를 하는 것이다. 이는 심연으로부터의 위험을 뜻한다. 성전 상인을 쫓아내면서 예수의 위력이 번쩍 엿보였다. 파견된 경찰력은 빈손으로 되돌아왔다, 아무도 이 사람같이 가르친 분을 본 적이 없어서... 이어지는 논쟁에서 예수의 이런 주권자로서의 말씀이 떨어진다. "이 성전을 허물어라. 그러면 내가 사흘 안에 다시 세우겠다." 이 논쟁은 대사제들의 마음에 사무쳤다. 그들은 예수를 고발하는 재판정에서 바로 이 말씀을 꺼내 든다.

돈과 힘과 종교적 허울과의 충돌은 시대를 넘어 오늘도 이어지고 있다. 교회 역사의 불행한 시기에는 재력과 정치적 권력 전횡과 영신적 타락과 신학적 미숙이 한데 어우러지면서 과연 어떠했던가. 그럴 때면 등불이 제자리에서 내려왔다. 오늘날도 교회 안에는 예언자적인 인물들이 있어 약자의 수탈에 항거하며 투쟁하고 있다. 크로이틀러 주교, 아른스 추기경, 돔 헬더 카마라 등 남미의 헌신적인 빈민사목자들이 그런 분들이다. 이들은 막강한 기득권층의 사계射界에 들었는데 비단 세속 쪽에서뿐 아니라 때로는 교회 안으로부터도 표적이 되었다. 교회 안에서마저도 '가난한 이들을 위한 우선적 선택'을 결국 시혜적 자선으로 축소해 버리려는 기도企圖가 있으며, 거금을 모아 부유한 나라 은행에 은닉하는 남미의 기득권층과 곧잘 어울리는 부류도 있다. 그렇게 된 이상 산꼭대기에 거대한 그리스도상을 세운들 무슨 소용이 있겠는가. 구약의 예언직 전통을 이어 나간다면 하느님을 섬기는 일과 고통받는 이들을 위해 힘쓰는 일은 결코 분리될 수 없는 것이다.

그런 이상 교회는 불의와 수탈에 대항하는 구원자로서의 주님의 역할을 떠맡도록 늘 힘써야 한다. 교회가 그것을 안 하면 그 도덕적 신망을 곧 잃게 된다. 그저 몇 가지 전통적 신심 행사에 머물면 된다고 생각하지는 말아야 할 것이다.

예수는 기득권층에 대한 항거의 값을 목숨으로 치렀다. 온 세상이 공익과는 전혀 무관한 투기 자본주의의 위협을 받고 있는 오늘, 교회는 스스로 설 자리가 어디인지 알아야 한다. 왜냐하면 오늘날도 이 무자비하고 반사회적인 부자들이 한심하게도 '하느님'이라는 말을 입에 담으면서 도박장이 되어 버린 이 세상에서 부익부 빈익빈 현상을 무관심으로 대하고 있기 때문이다.

한나스 일가는 왜 이 사람을 없애야 하는지 잘 알고 있었다. 최고의회 앞에서 열린 재판에서, 신성한 것을 탐욕과 권력욕으로 악용하는 것에 거룩한 권위로 맞서는 이 사람은 죽어야 했던 것이다.

예수와 바리사이주의

내가 이제 예수의 죽음에 가담한 둘째 무리를 다루면서 "바리사이들"이라고 하기보다 의도적으로 "바리사이주의"라는 표현을 쓰기로 했다. 그것은 주어진 실상이 우리에게 요구하는 식별이다. 원래 바리사이들, 소위 '페리슈팀', "갈라선 자들"이란 헬레니즘적이고 이교적인 세계 한가운데서 유다교계를 지켜 내는 대결과 수호에 있어 지대한 공적을 쌓은 수천 명에 불과한 무리였다.

사두가이들과는 달리 바리사이들은 진지하게 종교적이었다. 그들 중 율법학자들은 유식하였고 그중에는 랍비 힐렐이라든가, 바오로의 스승으로서 사도행전에 나오는 저 유명한 가말리엘 같은 이도 있었다. 그들의 가르침의 많은 부분은 계시 진리와 온전히 합치하고 높은 도덕성도 지니고 있었다. 하지만 어디서나 그렇듯이 여기서도 변질과 왜곡과 비좁은 소견이 초래하는 한심스러운 헛길과 오판이 도사리고 있었다. 예수는 경우에 따라 유다적 신심의 그러한 왜곡된 입장에 심하게 맞서기도 하였다. 그렇다고 이러한 몰락상을 모든 바리사이들에게 전가해서는 안 된다. '바리사이'라는 말을 욕으로 쓰지는 말아야 한다.

그렇다면 복음서에서는 어째서 예수와 앞서 본 유형의 바리사이주의와의 대결이 그토록 큰 몫을 차지한 것일까. 복음이 집필되었을 무렵에는 바리사이주의가 신생 교회에는 별 문제가 안 되었다. 그렇다면 예수의 그 갈등이 그저 한때 시대적으로 있었던 것이어서 잊어버려도 되는 무엇일까. 그건 그렇지 않다.

예수의 이 두 번째 대결은 결국 종교심의 진실성에 관한 것이다. 그리고 주님이 마주친 현상들은 시류時流와 무관하다. 그런 태도들은 인류 자체나 교회의 역사에서 언제나 맞부딪칠 수 있는 것들이다. 어떤 현상들은 거의 천연스러운 경향 같기도 하다. 진정한 의미의 전통으로 여길 수 있는 것이 변형된다든가, 외적인 것이 지나치게 평가된다든가, 인간적인 질서가 신적인 질서를 비껴 고착해 버린다든가, 그릇된 엘리트 의식에 빠진다든가. 이제 내가 예수와 바리사이주의 간의 갈등점을 하나하나 열거하다 보면 그때마다 복음서에서 해당 사례를 꼽을 수 있다.

1. 사람들은 하느님과의 관계에서 업적을 내세우는 데 비해 예수는 하느님의 은혜를 강조한다. 성전에서 바리사이가 바친 '기도' 아닌 기도를 상기하자.

2. 사람들은 격식과 외양에 큰 무게를 두기 일쑤다. '코르반'[*]과 올바른 제물의 예라든가, 치유와 안식일 위반의 어이없는 잦은 대립을 보아도 알 만하다. 이러한 율법주의 과잉과 진정한 종교심의 변조 등은 반복되어 온 것이 아닐까.

무엇이 더 중요한가. 상담했다는 증서 조각이 ─ 상담이 이루어지지 못한 경우 상담을 하러 갔다는 증서가 ─ 아니면 임산부가 결국 낙태를 하러 가기 때문에 더 죽고 말 태아 오천 명이 더 중요한가. 교회가 그 임산부들과 더 이상 연락이 닿지 않았단 말인가. 무엇이 더 중요한가. 어떤 수속 절차의 무책임한 확인 증

---

[*] Qorban. 성전에 바친 헌금 또는 제헌물로서 다른 용도에는 쓰이지 못하는 것.

성무덤 성당

서가 수천 명의 죽음보다 더 중요하단 말인가.

교회에서 얼마나 자주 하찮은 형식에 중죄의 무거운 짐을 지웠던가. 어린 시절 학교 가는 길에 혓바닥으로 눈송이를 받아 핥으면… 또 주일미사를 거르면 매번 대죄가 된다고 수십 년 동안 가르치지 않았던가. 나는 신학생이 돼서 이 점을 알아보았는데 이 세상 어떤 저명한 윤리신학자도 그런 주장을 한 일이 없었다. 무슨 관습이든 그걸 버린다는 것은 중대한 일이라고 여기면서도 소홀히 하는 것 하나하나는 중요시하지 않았다. 전례 규정은 또 얼마나 만들어 냈던가. 나는 청년 사목을 맡았을 때 돌로미티*에서도 제일 높은 정상에 무거운 돌 제대를 지고 올라간 적이 있는데, 그 산꼭대기에는 돌이 그야말로 지천이었다. 그뿐이랴. 한번은 청년 그룹과 함께 고산 목장에서 미사를 드리려고 하다가 금지당했다. 이유인즉, 그런 고산 목장 미사는 해당 교구청 측에서 매우 정성 들여 드리게 되어 있노라고…

---

* Dolomiti. 이태리 서북부의 수려한 백운암白雲巖 산맥.

바리사이들은 그 당시 600항의 금지 조목이 있었다. 이른바 '메텍' 즉 '울타리'를 발달시켰던 것이다. 그 울타리가 얼마나 촘촘하던지 그 안에서 무엇이 보호되고 있는지 잘 알 수가 없었다.

3. 인간이 만들어 놓은 법률을 얼마나 강조하던지 하느님의 법은 시야 밖으로 밀려 나갔다. 앞서 말한 코르반을 보더라도 성전에다 제헌물을 바치면 그것이 부모를 부양하지 않는 구실이 되었다.

여러 해 전에 린쓰Linz시에서 총대리 두 명이 회동한 자리에서, 점점 심각해지는 사제 부족으로 공동체들이 성사의 은혜를 못 입게 되는 문제의 한 해결책으로 '비르 프로바투스'*가 어떻겠느냐고 제안한 바, 상부에서의 회신에 그것은 신앙에 위배된다고 하였다. '비르 프로바투스' 제도는 성서에 언명되어 있고, 그리스도와 사도들에 의해 실행되었으며, 초기 교회에서는 물론 합일 동방교회에서도 오늘날까지 행하고

---

* Vir probatus. 라틴어로 '검증된 사나이'라는 뜻. 모범적 신자로 오래 확인된 남교우에게 수품하자는 말.

있다. 그런데 이것이 어째서 '교회의 믿음'에 어긋난단 말인가. 이것은 바리사이주의다. 신적인 지시가 인간적인 전통에 휩쓸리고 있는 것이다. 그럼에도 불구하고 구원을 위한 배려는 분명 맨 위에 있어야 한다.

4. 바리사이주의 추종자 일부는 배운 티를 내거나 그릇된 우월감을 드러내고 싶어 하며 서민을 멸시한다. 대중은 숨죽이며 예수의 말에 귀를 기울이는데 이들은 "젠장, 이놈의 암메-하-아레쓰, 이 흙바닥 것들, 율법은 하나도 모르는 주제에" 하고 내뱉는다. 그런데 예수는 이 서민들에게 귀를 기울였다. 그리고 순박한 사람들의 선의와 신뢰심을 더없이 존중하였다. "아버지, 안다는 사람들과 똑똑하다는 사람들에게는 이 모든 것을 감추시고 오히려 철부지 어린아이들에게 나타내 보이시니 감사합니다." 순박한 사람들의 지혜에는 귀 기울일 줄 모르는 안다는 이들의 배웠노라는 자만심은 예로부터 있어 왔다. 나는 본당 사목 방문을 하면서 노인과 병자들 약 6000명을 모두 찾아보았다. 그런 방문 때마다 얼마나 감동하면서 물러났는지 모른다.

교회 안에는 이를테면 외롭게 영성의 히말라야 정상에 올라앉은 그룹들이 가끔씩 있다. 그중에는 자기들만이 구원을 전세 냈는지 장백의長白衣를 입은 채 샤워라도 할 듯이 열심한 이들과도 부딪친 적이 있다. 이런 경우 할 말은 한마디밖에 없다. 하느님 나라에서 자기네가 엘리트라고 느낀다면 그들은 더 이상 엘리트가 아니라는 것이다. 우리는 언제나 명심해야 한다. 우리의 학력과 지혜는 매우 부서지기 쉬운 그릇에 담겨 있다는 것을.

바리사이주의 자체와 이와의 대결은 시대를 초월한다. 궁극적으로는 예수를 따르는 데 있어 진실성과 깊이가 문제이다. 예수 자신도 말한 그대로이다. 십일조세를 바치는 일도 박하와 회향과 근채에 대해서가 아니라 정의와 자비와 신의에 대해서라는 것이다.

그렇기에 우리는 주님께 눈길을 돌리고 또 돌리고, 신적인 것과 인간적인 것, 중요한 것과 중요치 않은 것의 분별을 위하여 기도하고 또 기도해야 한다. 사랑이 첫째여야 함을 신중히 생각하고 마음 깊이 새기며 구원은 자신의 공로가 아니라 오로지 은총을 통해서만 이루어짐을 깨달아야 하겠다.

본시오 빌라도와 로마인들

예수 시대에 로마제국의 위세는 극에 달해 있었다. 이 제국이 어떻게 정복하고 조직하고 유지해 냈는지 오늘도 경탄하지 않을 수 없다. 한번 상상해 보자. 모로코에서 시리아까지, 영국에서 이집트 북부에 이르기까지 수많은 민족들과 온갖 종교적 형상들을 하나로 다 아우르는 나라를. 그렇게 되는 데에는 몇 해 전에 지중해 일대의 해적들을 소탕해 버린 것이 결정적이었다. 그렇게 되면서 지중해에서의 교역이 안전해졌던 것이다. 로마인들은 도처에 도로를 건설하였는데, 오늘에 이르기까지 근동이나 독일에서, 북아프리카나 터키에서도 찾아볼 수 있다. 이 도로들은 어디를 가나 마차를 위해 똑같은 궤도軌道를 내었었고 휴식소를 갖추었었다. 전국에 통하는 공통어로는 세계 언어인 그리스말이 쓰였다.

행정을 위해서 나라는 주州로 분할되었다. 그중 몇몇은 원로원의 지배하에 있었으나 다스리기 까다로운 지방에서는 주들이 직접 황제의 통치를 받았다. 유다는 그런 '황제 속주'의 하나였다. 왜냐하면 유다인들이 사는 이 지방은 소란하고 끊임없이 반란의 위험에 노출되어 있었기 때문이다. 로마인들은 자기들 지배하의 민족들에게 대체로 지혜로운 정책을 폈다. 어느 만큼은 지방의 고유 권한을 허락하였다. 이들 민족의 종교 신앙과 신전과 종교 습속 등은 로마인들에게 금기 분야였다. 이런 그들의 태도 덕분에 예루살렘은 성시聖市로서의 특수 지위를 누릴 수 있었다. 유다인들은 소위 '디아스포라', 이산離散 지역에서도 그들만의 공동체를 이룰 수 있었다. 그럼에도 불구하고 유다 땅에서 로마인에 의한 통치는 혐오의 대상이었다.

그 원인은, 이교도에 대한 멸시 말고도, 그들의 조세租稅제도 때문이었다. 누구도 면할 수 없는 인두세人頭稅는 어찌나 불공평하던지 인구조사를 할 때마다 반란이 일어나곤 하였다. 경우에 따라 종족과 지방에 과중한 부담을 안겨 주기도 하였다. 예수 시대에는 농부들에게 부과되는 징수액이 너무나 높아서 이집트 같은 데서는 집을 버리고 어둠을 타 야반도주하는 경우도 있었다. 그래서 로마인들은 주민 각자가 토지를 소유하고 있는 바로 그곳에서 인구조사를 받도록 지시하였다. 그렇게 함으로써 이농을 막으려고 하였다. 요셉이 인구조사를 받기 위해 베들레헴으로 갔다는 사실도 여기에 속한다. 그는 베들레헴에 아마 집안에서 물려받은 (얼마 안 되는) 땅을 가지고 있었던 모양이다. 로마인들은 징세 업무를 세놓기도 하였다. 이들 세리는 일정액을 갖다 바치고 나머지는 제가 차지하여 부자가 되었다. '세리'라면 흔히 쓰이는 욕지거리로서 성서에 보면 언제나 '죄인'이라는 말과 짝지어 나오곤 한다. 그러니 예수가 세리 한 사람을 열두 제자 중의 하나로 받아들였다는 사실이 무엇을 의미했는지 우리로서는 헤아리기조차 어렵다.

로마인들에게는 물론 군대의 역할이 결정적이었다. 그들은 사실 아주 적은 수의 병사들을 가지고 제국을 통치하였다. (군단 단위로 조직된 병력은 대략 오스트리아 국군 규모였다.) 그러나 로마인들에게는 그 외에도 해당 지역마다 지원군이 있었다. 유다인 지역에서는 지원군으로 사마리아인들을 선호하였다. 이들은 유다인들의 앙숙이었으므로 믿음직하였다. 이들 부대원들은 유다인 게릴라와 무자비한 유격전을 벌이곤 하였는데, 게릴라들은 오늘날의 근동 테러리스트와 닮은 사고방식으로 행동하였다. 그런 도당들이 거듭 출현하면 한 두목이 자기를 메시아로 내세우면서 전투는 시작되었다. 이런 도당들의 이름은 여러 가지였다. 그중 하나는 '열혈당'이었는데, 사도들 중 한 사람은 '열혈당원 시몬'이라 하였다. 이것으로 미루어 제자들이 이들 자유 전사들의 사상에 그리 멀지 않았음을 짐작할 수 있다. 또 하나의 도당은 '칼잡이들'이라 하였다. 예루살렘 박물관에 가 보면 예수 시대의 단도 한 자루가 보존되어 있는데, 그 칼날에 아람어로 "맛있게 드시오"라고 새겨져 있다.

이런 배경 설명이 수난사기에 왜 중요한가.

그것은 우리가 가시관 씌우기를 더 잘 이해하기 위해서이다. 이 병정들은 마침내 자기들이 미워하던 유다인 폭도들의 한 배후 조종자 겸 두목을 꼼짝없이 붙잡았다고 생각하였다. 그래서 그 끔찍한 장면을 연출했던 것이다. 승리한 지휘관으로 그를 조롱한 것이다.

그러면서 로마의 승전 장군들이 하듯이 지휘관의 겉옷을 입히고 지휘봉을 쥐어 주고 월계관을, 가시관을, 머리에 씌운 것이다. 가시덤불은 당시 불쏘시개로 얼마든지 널려 있어, (베드로가 대사제 관저 앞에서 쪼였다는) 병사들의 밤 모닥불에도 흔히 쓰였다.

로마군의 군단은 6000명의 병사로 보병대는 600명으로, 백인조는 200명으로 편성되었다. 보초는 (네 차례의 야번夜番을 위해) 네 사람씩 네 팀으로 짜였으며 사형조도 규모가 이와 비슷하였다. 부대의 사령관은 십자가 밑에 써 있었듯이, 백인대장이었다. 보병대의 지휘는 호민관護民官이 맡았다. 시리아의 안티오키아에는 한 장군이 총독으로 자리잡고 있었다. 오늘의 표현을 빌린다면 근동 최고사령부인 셈이다. 그는 또한 본시오 빌라도의 직접 상관이었다. 로마의 지방 태수가 묵던 해변 카이사리아는 강력한 수비대가 지켰다. 팔레스티나에는 한 군단이 주둔하고 있었다. 카이사리아에서는 코르넬리오 중대장이 이 부대에 속해 있었다. 그는 베드로가 처음으로 세례를 베푼 이교인이다.

여기서 한 가지 지적하고 싶은 것이 있다. 예수 시대 수백 년 이후 그 군대가 그리스도교를 전파하는 데 한 몫을 했다는 사실이다. 예컨대 서기 52년에 팔레스티나에 있던 로마 군단이 라인강변에 있는 쾰른으로 이동되었다. (코르넬리오도 혹시 거기 있었을까.) 6000명이 지중해를 건너 마르세유로 갔고 거기서부터는 도보로 리옹과 트리어를 거쳐 콜로니아 아그릿피나, 즉 쾰른으로 행군하였다.

그건 그렇고 유다인들은 병역에서 면제되었다. 그들은 군인 신분으로 상승할 수 없었던 것이다. 점령은 역시 부담이었다. 로마인들은 어떤 나라를 처벌하려 할 때면 한 군단을 그리로 이동하였다. 부대원들은 그 땅에서 먹고살아야 했고 그러자니 그만큼 약탈도 하였다. 그래서 사람들이 값진 물건들을 곧잘 묻어 두었고, 그 덕분에 오늘의 고고학자들이 기뻐한다.

이제 우리가 성서 이외에 본시오 빌라도에 관해서 알아본다면 그가 어떤 모습으로 드러날까. 그의 이름은 신경에도 들어 있는데 거기서 예수의 십자가 처형(과 부활)이 하나의 역사적인 사건임을 보여 준다. 그는 과연 어떤 인물이었는가.

본시오 빌라도는 하나의 로마인 '기사'로서 하위 귀족 출신이었다. 그의 보호자는 저 무소위의 세야누스 Sejanus, 로마의 숨은 세도가로서 황실 친위대의 수장이며 소문난 유다인 혐오자였다. 세야누스는 본시오가 유다인 나라에서 어련히 냉혹하게 통치하기를 기대했다. 세야누스가 그에게 누구나 탐내는 'amicus Caesaris', '황제의 친구'라는 칭호를 얻어 준 것으로 미루어 본시오가 그의 이런 기대에 부응한 것으로 보인다. (예수를 고발한 자들이 본시오에게 외쳐 댄 소리를 상기하자. "그 사람을 풀어 주면 총독께서는 황제의 친구가 아니오." 이 협박이 본시오로 하여금 나머지를 하게 했다.)

수난사기를 살펴보면서 한 가지 짚고 넘어가야 할 점이 있는데, 본시오 빌라도가 최고의회를 상대로 몇 차례씩이나 손해 보았다는 사실이 그것이다.

1. 로마인들에게는 예루살렘에 어떤 신상이나 황제의 상징을 세우는 것이 금지되어 있었다. 빌라도는 상

관하지 않고 처음 입성했을 때 병정들이 창끝에 부적 삼아 자그마한 신상을 달도록 놓아두었는가 하면 종교적 의미를 띤 로마 군기軍旗를 성전이 바라보이는 안토니아 요새* 앞에 도발적으로 꽂아 세우게 하였다. 유다인들은 크게 흥분하여 카이사리아로 내려가 총독 관저 앞에서 여러 날에 걸쳐 시위를 벌였다. 본시오는 참다 못해 자기 병사들로 하여금 항의하는 군중을 포위하게 하고 모두 죽여 버리겠다고 위협하였다. 이렇듯 그는 유다인들에게 환멸을 느꼈다. 유다인들은 자기들이 차라리 죽임을 당하면 당했지 성시聖市의 독성瀆聖에 동의할 수는 없다고 선언하였다. 본시오는 군기와 이교적인 부적을 제거하도록 하였다.

2. 또 한번은 본시오가 황제의 이름이 금으로 새겨진 방패들을 내걸게 하면서 그 앞에서 향을 피우게 하였다. 최고의회가 반대하였고 로마까지 항의하러 가서는 그 방패들을 떼어 내지 않을 수 없게끔 하였다.

---

* Antonia. 성전의 서북 모퉁이에서 성전 일대를 내려다보는 성으로, 로마 총독 시대에는 감시 초소로 쓰임.

3. 본시오는 예루살렘에 배수관을 설치하게 하였다. 그러면서 유다인들이 수도관 비용을 내야 한다고 생각하여 성전 재화 창고에서 돈을 꺼내게 했다. 또다시 로마에까지 항의가 이르렀고 로마는 그 돈을 다시 집어넣어야 한다고 명하였다.

빌라도와 최고의회와의 관계를 생각할 때 이런 사정들을 고려해야 한다. 우리가 수난사기에서 만나는 빌라도는 이미 여러 차례 패했었다. 그는 자기의 적수들이 매우 위험하다는 걸 안다. 예수도 그런 줄 알고 그에게는 덜한 책임을 지운다.

본시오의 아내는 수난사기에서도 말해 주듯이 예수와 은근히 동조하는 여인이었다. 이것도 본시오에게는 부담이 되었을 것이다. 그렇지 않아도 본시오는 심문하기 전부터 나자렛 출신 장인匠人 예수가 정치적으로는 전혀 무고하다는 것을 잘 알고 있었다. 로마인들은 모든 강국들이 그렇듯이 '스페쿨라토레스' Speculatores라는 매우 잘 조직된 정보부를 가지고 있었다. 고대의 CIA라 할까. 그렇기에 예수는 지적할 수 있었다. "내 나라가 이 세상에 속한다면 내 신하들이

나를 위해 싸웠을 것이다." 그건 이런 뜻이다. "그렇다면 어제 저녁 올리브동산에서 전혀 달랐을 것이라는 것을 당신도 잘 알지 않느냐..."

본시오가 그 후로 어떻게 되었는지에 대해서 우리는 별로 알지 못한다. 그는 로마의 오랜 동맹이었던 사마리아인들의 유혈 탄압으로 자기 권한의 도를 넘었던 것 같다. 이들은 안티오키아에 있는 총독 장군에게 항의했고 그는 빌라도를 해임하였다. 그리고 그는 로마 황제 법정에 출두하라는 명을 받았다. 그가 로마에 도착했을 때 티베리우스 황제는 이미 죽었고, 그 후임인 칼리굴라는 본시오를 접견조차 하지 않은 채 그를 유배하였다. 이 사안이 사나운 죽음을 맞은 유다인들의 원수들만 거명되는 문헌에 나오는 것으로 미루어 빌라도 역시 그렇게 죽었을 것으로 추측된다.

빌라도를 만나면서 예수는 냉혹한 정치적 계산이라는 것과 대면한다. 당초 빌라도가 예수의 편을 들었던 것은 유다인 대표들에 대한 반감에서였지 정의의 기본 원칙이 그 동기는 아니었다. 바로 이 의문은 세계 역사와 인간 운명에 있어 오늘에 이르기까지 여러모로 이어지고 있다. 그에 대한 응답은 우리로서는 헤아릴 수조차 없이 심오한 사랑에 있으며, 그 사랑은 바로 저 극도의 굴욕에서 가장 감동적인 꽃으로 피어난다.

임금들

우리는 수난사기에서 한 임금을 만났다. 헤로데 안티파스 왕이다. 그는 갈릴래아 이투레아의 사분영주四分領主* 로서 예수의 군주였으며, 세례자 요한을 죽인 자였다. 그는 사실 사분영주였지만 백성은 그를 왕이라고 불렀다.

그의 아버지는 헤로데 대왕인데 실제로 왕의 칭호를 받았었으며, 베들레헴의 갓난아이들을 죽인 자였다. 그는 오늘의 요르단에서 태어난 이교도 출신으로 하스모니아 왕가의 마지막 공주와 결혼했다. 이미 아홉 아내를 거느리고 있던 그로서 이 혼인의 목적은 새 아내보다 출세에 있었다. 왜냐하면 이 결혼으로 유다인들의 땅인 팔레스티나 전역의 왕좌에 오를 수 있었기 때문이다. 그는 사업과 정치에 능했고 토목과 성전 건립에도 뛰어났다. 그러나 그는 한평생 왕좌를 잃

---

* 고대 그리스의 한 통치 분할 제도.

을까 봐 늘 초조해하며 지냈다. 그래서 외척들 전부와 몇몇 아들들도 죽이고 마침내 아내인 마리안나까지도 죽여 버렸다. 그는 요셉 플라비우스가 묘사했듯이 글자 그대로 피해망상증에 시달렸으며, 이는 갓 난 젖먹이들을 살해한 베들레헴 사건에서도 그대로 드러났다. 같은 이유로 수많은 사람들을 죽인 그였다. 이미 죽을병을 앓고 있을 때도 아들 하나를 왕궁 수영장에 빠져 죽게 하였다. 죽기 직전에는 예리코 경기장에 400명의 유다인 저명인사들을 몰아넣고 활로 쏘아 죽이게 하여 자기가 죽고 나면 그에 걸맞은 통곡 소리가 나게 하였다.

그런데 아들 헤로데 안티파스는 살아남았다. 그는 볼모로 로마에 머물면서 그곳 명문 자제들과 로마의 상류사회와 어울리면서 지낸 덕분이었다. 부왕 헤로데는 자기가 사랑하는 안티파스를 고향으로 돌아오도록 꾀어 보려고 애썼다. 그러나 아들은 눈치를 채고 그 꼬임에 넘어가지 않았다. 어떤 일을 당할지 몰라 걱정돼서였다. 부자 간의 이 만남은 아퀼레아에서 이루어졌었다.

동트는 예루살렘

수난사기에 보면 예수가 헤로데 안티파스에게 연행되어 간다. 그가 축제를 맞아 마침 예루살렘에 있는 왕궁에 머물고 있었기 때문이다. 그런데 그와는 적대관계에 있던 빌라도가 예수를 그에게 넘겼던 것이다. 헤로데는 갈릴래아의 군주로서 빌라도에 대립하여 언제나 갈릴래아 사람들 편을 들곤 하였다. 이번 파스카 축제 직전에 본시오는 반란을 진압하면서 갈릴래아 사람 한 무리를 사형에 처한 바 있었다. 이에 헤로데 안티파스는 격분하여 이 사람들은 자기 권한 아래에 있다고 선언하였다. 그래서 본시오는 그러지 않아도 풀어 주려던 예수를 헤로데에게 넘겨 보내면서 "여기 갈릴래아인이 한 사람 있소 ― 댁의 소관 아니오" 한 꼴이다.

헤로데는 물론 본시오의 속내를 훤히 들여다보면서도 정중히 고마움을 표하지만 그 얽히고설킨 사안에는 개입하지 않는다. 그렇기에 성서에는 "전에는 서로 원수로 지냈던 헤로데와 빌라도가 바로 그날에 서로 친구가 되었다"고 하였다. 그들은 물론 세 겹으로 된

따옴표 안에서 '친구'인 것이다.

예수는 요한의 살해자에게 말을 아끼지 않았다. 전에도 그에 관해 이렇게 말한 적이 있었다. "가서 그 여우에게 이렇게 전하여라"(루카 13,32). 그건 말을 곱게 돌린 것이다. 오히려 송장이나 뜯어 먹는 '자칼'이라고 했어야 했다.

헤로데 안티파스는 후일 그의 야심 찬 아내, 멋지게 춤추던 딸년의 어미 헤로디아가 어찌나 여왕이 되고 싶어 하며 그를 졸라 대던지 결국 로마에 청을 올렸다. 그러나 황제는 진노하여 그를 즉각 갈리아(프랑스)로 유배하였다. 황제가 헤로디아는 그나마 봐주려고 하였으나 그녀는 말하기를 "내가 그와 함께 행복도 나누었으니 불행도 함께 나누어야지요" 하였다. 이렇게 그녀 자신의 좀 나은 측면을 보였다고나 할까.

헤로데 안티파스는 리옹에서 한 '무명씨'無名氏 정치인으로 세상을 떴다.

옮기고 나서

얼마 전 마음으로 늘 우러르던 라인홀트 슈테혀 주교님의 유고 소책자 『이 사람은 누구인가』를 만나, 그 귀한 말씀을 우리나라 교우분들과도 나누고 싶었습니다.

워낙 화통하고 따듯한 열린 마음, 오직 참만을 받드는 맑은 정신, 누구나 가까이 다가가 그 넓은 품에서 위안과 도움을 받던 친근한 목자 — 그 어른을 알게 된 많은 이들은 오늘도 그 만남을 은혜로 여기고 있습니다.

우리 신앙의 핵심을 이루는 예수님의 수난·죽음·부활의 깊은 뜻을 새로이 깨닫도록 돕는 이 소책자의 울림이 독자 한 사람 한 사람의 마음에 오래도록 메아리치기를 빕니다.

2018년 사순절에
장익 삼가 적음

지은이 라인홀트 슈테허Reinhold Stecher(1921~2013)는 고향인 인스브룩 교구의 친근한 주교로 사목하면서 그 덕망이 자못 높았다. 그는 수십 년에 걸쳐 오스트리아 티롤Tirol 지방의 교회와 사회생활 향상에 크게 기여하였다. 특히 관용과 대화의 풍토 형성을 주도하면서 많은 사회복지사업도 키워 내고 지원하였다. 그는 또한 뛰어난 그림과 글을 통하여 생전에도 많은 사람들에게 위안과 희망을 주었고 귀천한 이후에도 그 울림이 크다.

옮긴이 장익은 인스브룩에서 사제로 수품되었고(1963), 춘천 교구에서 주교로 사목하였다(1994~2010). 지금은 실레마을 공소에서 은거하고 있다.